H. P. LOVECRAFT

Collection :
Les Infréquentables
dirigée par Michel Bulteau

déjà parus :

Roger Nimier, Trafiquant d'insolence, par Olivier Frébourg. Prix des Deux Magots 1990

Miguel Torga, Orphée rebelle, par Daniel Aranjo.

Cyrano de Bergerac, L'Esprit de révolte, par Willy de Spens.

Remy de Gourmont, « Cher Vieux Daim », par Charles Dantzig.

Baron Corvo, L'exilé de Venise, par Michel Bulteau.

Norman Mailer, Economie du machisme, par Thierry Marignac.

Arthur Rimbaud et la liberté libre, par Alain Jouffroy.

Michel HOUELLEBECQ

H. P. LOVECRAFT

Contre le monde, contre la vie

Editions du Rocher
Jean-Paul Bertrand
Editeur

H.P. Lovecraft: Contre le monde, Contre la vie

This edition published by arrangement with toExcel,
a strategic unit of Kaleidoscope Software.

For information address:
toExcel
165 West 95th Street, Suite B-N
New York, NY 10025
www.toExcel.com

ISBN: 1-58348-194-x

Printed in the United States of America

0 9 8 7 6 5 4 3 2

Première partie

UN AUTRE UNIVERS

« Peut-être faut-il avoir beaucoup souffert pour apprécier Lovecraft... »

(Jacques Bergier)

La vie est douloureuse et décevante. Inutile, par conséquent, d'écrire de nouveaux romans réalistes. Sur la réalité en général, nous savons déjà à quoi nous en tenir ; et nous n'avons guère envie d'en apprendre davantage. L'humanité telle qu'elle est ne nous inspire plus qu'une curiosité mitigée. Toutes ces « notations » d'une si prodigieuse finesse, ces « situations », ces anecdotes... Tout cela ne fait, le livre une fois refermé, que nous confirmer dans une légère sensation d'écœurement déjà suffisamment alimentée par n'importe quelle journée de « vie réelle ».

Maintenant, écoutons Howard Phillips Lovecraft : « *Je suis si las de l'humanité et du monde que rien ne peut m'intéresser à moins de comporter au moins deux meurtres par page, ou de traiter d'horreurs innommables provenant d'espaces extérieurs.* »

H.P. Lovecraft

Howard Phillips Lovecraft (1890-1937). Nous avons besoin d'un antidote souverain contre toutes les formes de réalisme.

Quand on aime la vie, on ne lit pas. On ne va guère au cinéma non plus, d'ailleurs. Quoi qu'on en dise, l'accès à l'univers artistique est plus ou moins réservé à ceux qui en ont *un peu marre.*

Lovecraft, lui, en a eu un peu plus qu'*un peu marre*. En 1908, à l'âge de dix-huit ans, il est victime de ce qu'on a qualifié d'« effondrement nerveux », et sombre dans une léthargie qui se prolongera une dizaine d'années. A l'âge où ses anciens camarades de classe, tournant impatiemment le dos à l'enfance, plongent dans la vie comme dans une aventure merveilleuse et inédite, il se cloître chez lui, ne parle plus qu'à sa mère, refuse de se lever toute la journée, traîne en robe de chambre toute la nuit.

D'ailleurs, il n'écrit même pas.

Que fait-il ? Peut-être lit-il un peu. On n'en est même pas sûr. En fait ses biographes doivent convenir qu'ils n'en savent pas grand-chose et que, selon toute apparence, au moins entre dix-huit et vingt-trois ans, il ne fait absolument rien.

Puis, peu à peu, entre 1913 et 1918, très lentement, la situation s'améliore. Peu à peu, il reprend contact avec la race humaine. Ce n'est pas facile. En mai 1918, il écrit à Alfred Galpin : « *Je ne suis qu'à moitié vivant ; une grande partie de mes forces se dépense à s'asseoir et à marcher ; mon système nerveux est dans un état de délabrement total, et je suis complètement abruti et apathique, sauf quand je tombe sur quelque chose qui m'intéresse particulièrement.* »

Il est en définitive inutile de se livrer à des reconstitutions psychodramatiques. Car Lovecraft est un homme lucide, intelligent et sincère. Une espèce d'épouvante léthargique s'est abattue sur lui au tournant de ses dix-huit ans, et il en connaît parfaitement l'origine. Dans une lettre de 1920, il reviendra longuement sur son enfance. Sa petite ligne de chemin de fer, avec les wagons faits à partir de caisses d'emballage... La remise du cocher, où il avait disposé son théâtre de marionnettes. Et plus tard son jardin, dont il avait lui-même tracé les plans et délimité les allées ; irrigué par un système de canaux creusés de ses mains, le jardin s'étageait autour d'une petite pelouse, avec un cadran solaire placé en son centre. Ce fut, dit-il, « le royaume de mon adolescence ».

Puis vient ce passage, qui conclut la lettre : « *Je m'aperçus alors que je devenais trop âgé pour y prendre du plaisir. Le temps impitoyable avait laissé tomber sur moi sa griffe féroce, et j'avais dix-sept ans. Les grands garçons ne jouent pas dans des maisons-jouets et des faux jardins, et je dus, plein de tristesse, céder mon monde à un garçon plus jeune qui demeurait de l'autre côté du terrain. Et depuis ce temps je n'ai plus creusé la terre, ni tracé sentiers ni routes ; ces opérations s'associent pour moi à trop de regrets, car la joie fugitive de l'enfance ne peut jamais être ressaisie. L'âge adulte, c'est l'enfer.* »

L'âge adulte, c'est l'enfer. Face à une position aussi tranchée, les « moralistes » de notre temps émettront des grognements vaguement désapprobateurs, en attendant le moment de glisser leurs sous-entendus obscènes. Peut-être bien en effet que Lovecraft ne pouvait pas devenir adulte ; mais ce qui est certain c'est qu'il ne le voulait pas davantage. Et compte tenu des valeurs qui régissent le monde adulte, on peut difficilement lui en tenir rigueur. Principe de réalité, principe de plaisir, compétitivité, challenge permanent, sexe et placements.. pas de quoi entonner des alléluias.

Lovecraft, lui, sait qu'il n'a rien à voir avec ce monde. Et il joue perdant à tous les coups. En théorie comme en pratique. Il a perdu l'enfance, il a également perdu la croyance. Le monde le dégoûte, et il ne voit aucune raison de supposer que les choses pourraient se présenter autrement, *en regardant mieux*. Il tient les religions pour autant d'« illusions sucrées », rendues désuètes par le progrès des connaissances. Dans ses périodes d'exceptionnelle bonne humeur, il parlera du « cercle enchanté » de la croyance religieuse ; mais c'est un cercle dont il se sent, de toute façon, banni.

Peu d'êtres auront été à ce point imprégnés, transpercés jusqu'aux os par le néant absolu de toute aspiration humaine. L'univers n'est qu'un furtif arrangement de particules élémentaires. Une figure de transition vers le chaos. Qui finira par l'emporter. La race humaine disparaîtra. D'autres races apparaîtront, et disparaîtront à leur tour. Les cieux seront glaciaux et vides, traversés par la faible lumière d'étoiles à demi-mortes. Qui, elles aussi, disparaîtront. Tout disparaîtra. Et les actions humaines sont aussi libres et dénuées de sens que les libres mouvements des particules élémentaires. Le bien, le mal, la morale, les sentiments ? Pures « fictions victoriennes ». Seul l'égoïsme existe. Froid, inentamé et rayonnant.

Lovecraft est bien conscient du caractère nettement déprimant de ces conclusions. Comme il l'écrit en 1918, « *tout rationalisme tend à minimiser la valeur et l'importance de la vie, et à diminuer la quantité totale de bonheur humain. Dans bien des cas la vérité peut causer le suicide, ou du moins déterminer une dépression presque suicidaire* ».

Ses convictions matérialistes et athées ne varieront pas. Il y revient lettre après lettre, avec une délectation nettement masochiste.

Bien entendu, la vie n'a pas de sens. Mais la mort non plus. Et c'est une des choses qui glacent le sang lorsqu'on découvre l'univers de Lovecraft. La mort de ses héros n'a aucun sens. Elle n'apporte aucun apaisement. Elle ne permet aucunement de conclure l'histoire. Implacablement, HPL détruit ses personnages sans suggérer rien de plus que le démembrement d'une marionnette. Indifférente à ces misérables péripéties, la peur cosmique continue de grandir. Elle s'étend et s'articule. Le grand Ctulhu sort de son sommeil.

Qu'est ce que le grand Ctulhu ? Un arrangement d'électrons, comme nous. L'épouvante de Lovecraft est rigoureusement matérielle. Mais il est fort possible, de par le libre jeu des forces cosmiques, que le grand Ctulhu dispose d'un pouvoir et d'une puissance d'action considérablement supérieurs aux nôtres. Ce qui n'a, *a priori,* rien de spécialement rassurant.

De ses voyages dans les terres douteuses de l'indicible, Lovecraft n'est pas venu nous rapporter de bonnes nouvelles. Peut-être bien, nous confirme-t-il, quelque chose se dissimule, et se laisse parfois apercevoir, derrière le rideau de la réalité. Quelque chose d'ignoble, en vérité.

Il est en effet possible qu'au-delà du rayon limité de notre perception, d'autres entités existent. D'autres créatures, d'autres races, d'autres concepts et d'autres intelligences. Parmi ces entités, certaines nous sont probablement très supérieures en intelligence et en savoir. Mais ce n'est pas forcément une bonne nouvelle. Qu'est-ce qui nous fait penser que ces créatures, aussi différentes soient-elles de nous, manifestent en quelque façon une nature *spirituelle ?* Rien ne permet de supposer une transgression aux lois universelles de l'égoïsme et de la méchanceté. Il est ridicule d'imaginer que des êtres nous attendent aux confins du cosmos, pleins de sagesse et de bienveillance, pour nous guider vers une quelconque harmonie. Pour imaginer la manière dont ils nous traiteraient si nous venions à entrer en contact avec eux, mieux vaut se rappeler la manière dont nous traitons ces « intelligences inférieures » que sont les lapins et les grenouilles. Dans le meilleur des cas, elles nous servent de *nourriture ;* parfois aussi, souvent, nous les tuons par simple plaisir de tuer. Telle est, nous avertit Lovecraft, la véridique image de nos futurs rapports avec les « intelligences étrangères ». Peut-être certains beaux spécimens humains auront-ils l'honneur de finir sur une table à dissection ; et voilà tout.

Et rien de tout cela n'aura, une fois encore, le moindre sens.

Humains du xxe siècle finissant, ce cosmos désespéré est absolument le nôtre. Cet univers abject, où la peur s'étage en cercles concentriques jusqu'à l'innommable révélation, cet univers où notre seul destin imaginable est d'être *broyés* et *dévorés,* nous le reconnaissons absolument comme notre univers mental. Et, pour qui veut connaître l'état des mentalités par un coup de sonde rapide et précis, le succès de Lovecraft est déjà à soi seul un symptôme. Aujourd'hui plus que jamais, nous pouvons faire nôtre cette *déclaration de principe* qui ouvre *Arthur Jermyn : « La vie est une chose hideuse ; et à l'arrière-plan, derrière ce que nous en savons, apparaissent les lueurs d'une vérité démoniaque qui nous la rendent mille fois plus hideuse.* »

Le paradoxe est cependant que nous préférions cet univers, aussi hideux soit-il, à notre réalité. En cela, nous sommes absolument les lecteurs que Lovecraft attendait. Nous lisons ses contes exactement dans la même disposition d'esprit qui les lui a fait écrire. Satan ou

Nyarlathothep, qu'importe, mais nous ne supporterons plus une minute supplémentaire de *réalisme.* Et, s'il faut tout dire, Satan est un peu dévalué par ses rapports prolongés avec les détours honteux de nos péchés ordinaires. Mieux vaut Nyarlathothep, froid, mauvais et inhumain comme la glace. *Subb-haqqua Nyarlathothep !*

On aperçoit bien pourquoi la lecture de Lovecraft constitue un paradoxal réconfort pour les âmes lasses de la vie. On peut en fait la conseiller à tous ceux qui, pour une raison ou pour une autre, en viennent à éprouver une véritable *aversion* pour la vie sous toutes ses formes. L'ébranlement nerveux provoqué par une première lecture est, dans certains cas, considérable. On sourit tout seul, on se met à fredonner des airs d'opérette. Le regard sur l'existence, en résumé, se modifie.

Depuis l'introduction du virus en France par Jacques Bergier, la progression du nombre de lecteurs a été considérable. Comme la plupart des contaminés, j'ai moi-même découvert HPL à l'âge de seize ans par l'intermédiaire d'un « ami ». Pour un choc, c'en fut un. Je ne savais pas que la littérature pouvait faire ça. Et, d'ailleurs, je n'en suis toujours pas persuadé. Il y a quelque chose de *pas vraiment littéraire* chez Lovecraft.

Pour s'en convaincre, on considérera tout d'abord qu'une bonne quinzaine d'écrivains (parmi lesquels on peut citer Frank Belknap Long, Robert Bloch, Lin Carter, Fred Chappell, August Derleth, Donald Wandrei...) ont consacré tout ou partie de leur œuvre à développer et enrichir les mythes créés par HPL. Et cela non pas furtivement, à la dérobée, mais de manière absolument avouée. La filiation est même systématiquement renforcée par l'emploi des mêmes *mots,* qui prennent ainsi une valeur incantatoire (les collines sauvages à l'ouest d'Arkham, la Miskatonic University, la cité d'Irem aux mille piliers... R'lyeh, Sarnath, Dagon, Nyarlathothep... et par-dessus tout l'innommable, le blasphématoire *Necronomicon,* dont le nom ne peut être prononcé qu'à voix basse). *Iâ ! Iâ ! Shub-Niggurath ! la chèvre aux mille chevreaux !*

A une époque qui valorise l'originalité comme valeur suprême dans les arts, le phénomène a de quoi surprendre. De fait, comme le souligne opportunément Francis Lacassin, rien de tel n'avait été enregistré depuis Homère et les chansons de geste médiévales. Nous avons ici affaire, il faut humblement le reconnaître, à ce qu'on appelle un « mythe fondateur ».

Littérature rituelle

Créer un grand mythe populaire, c'est créer un rituel que le lecteur attend avec impatience, qu'il retrouve avec un plaisir grandissant, à chaque fois séduit par une nouvelle répétition en des termes légèrement différents, qu'il sent comme un nouvel approfondissement.

Présentées ainsi, les choses paraissent presque simples. Et pourtant, les réussites sont rares dans l'histoire de la littérature. Ce n'est guère plus facile, en réalité, que de créer une nouvelle religion.

Pour se représenter ce qui est en jeu, il faut pouvoir personnellement ressentir cette sensation de frustration qui a envahi l'Angleterre à la mort de Sherlock Holmes. Conan Doyle n'a pas eu le choix : il a dû ressusciter son héros. Lorsque, vaincu par la mort, il déposa les armes à son tour, un sentiment de tristesse résignée passa sur le monde. Il allait falloir se contenter de la cinquantaine de « Sherlock Holmes » existants, et les lire, les relire inlassablement. Il allait falloir se contenter des continuateurs et des commentateurs. Accueillir avec un sourire résigné les inévitables (et parfois amusantes) parodies, en gardant au cœur la nostalgie d'une impossible prolongation du noyau central, du cœur absolu du mythe. Une vieille malle de l'armée des Indes, où se trouveraient magiquement conservés des « Sherlock Holmes » inédits...

Lovecraft, qui admirait Conan Doyle, a réussi à créer un mythe aussi populaire, aussi vivace et irrésistible. Les deux hommes avaient en commun, dit-on, un remarquable *talent de conteur*. Bien sûr. Mais autre chose est en jeu. Ni Alexandre Dumas, ni Jules Verne n'étaient des conteurs médiocres. Pourtant, rien dans leur œuvre n'approche la stature du détective de Baker Street.

Les histoires de Sherlock Holmes sont centrées sur un personnage, alors que chez Lovecraft on ne rencontre aucun véritable spécimen d'humanité. Bien sûr c'est là une différence importante, très importante ; mais pas véritablement essentielle. On peut la comparer à celle qui sépare les religions théistes des religions athées. Le caractère vraiment fondamental qui les rapproche, le caractère à proprement parler *religieux,* est autrement difficile à définir — et même à approcher face à face.

Une petite différence qu'on peut noter aussi — minime pour l'histoire littéraire, tragique pour l'individu — est que Conan Doyle a eu amplement l'occasion de se rendre compte qu'il était en train d'engendrer une mythologie essentielle. Lovecraft, non. Au moment où il meurt, il a nettement l'impression que sa création va sombrer avec lui.

Pourtant, il a déjà des disciples. Mais il ne les considère pas comme tels. Il correspond certes avec de jeunes écrivains (Bloch, Belknap Long...), mais ne leur conseille pas forcément de s'engager dans la même voie que lui. Il ne se pose pas en maître, ni en modèle. Il accueille leurs premiers essais avec une délicatesse et une modestie exemplaires. Il sera pour eux un véritable ami, courtois, prévenant et gentil ; jamais un maître à penser.

Absolument incapable de laisser une lettre sans réponse, négligeant de relancer ses créanciers lorsque ses travaux de révision littéraire ne lui étaient pas payés, sous-estimant systématiquement sa contribution à des nouvelles qui, sans lui, n'auraient même pas vu le jour, Lovecraft se comportera toute sa vie en authentique *gentleman*.

Bien sûr, il aimerait devenir un écrivain. Mais il n'y tient pas *par-dessus tout*. En 1925, dans un moment d'abattement, il note : « *Je suis presque résolu à ne plus écrire de contes, mais simplement à rêver lorsque j'ai l'esprit à cela, sans m'arrêter à faire une chose aussi vulgaire que de transcrire mon rêve pour un public de porcs. J'ai conclu que la littérature n'était pas un objectif convenable pour un gentleman ; et que l'écriture ne doit jamais être considérée que comme un art élégant, auquel on doit s'adonner sans régularité et avec discernement.* »

Heureusement, il continuera, et ses plus grands contes sont postérieurs à cette lettre. Mais jusqu'au bout, il restera, avant tout, un « vieux gentleman bienveillant, natif de Providence (Rhode Island) ». Et jamais, au grand jamais, un écrivain professionnel.

Paradoxalement, le personnage de Lovecraft fascine en partie parce que son système de valeurs est entièrement opposé au nôtre. Foncièrement raciste, ouvertement réactionnaire, il glorifie les inhibitions puritaines et juge très évidemment repoussantes les « manifestations érotiques directes ». Résolument anticommercial, il méprise l'argent, considère la démocratie comme une sottise et le progrès comme une illusion. Le mot de « liberté », si cher aux Américains, ne lui arrache que des ricanements attristés. Il conservera toute sa vie une attitude typiquement aristocratique de mépris de l'humanité en général, joint à une extrême gentillesse pour les individus en particulier.

Quoi qu'il en soit, tous ceux qui ont eu affaire à Lovecraft *en tant qu'individu* ont éprouvé une immense tristesse à l'annonce de sa mort. Robert Bloch, par exemple, écrira : « Si j'avais su la vérité sur son état de santé, je me serais traîné à genoux jusqu'à Providence pour le voir. » August Derleth consacrera le reste de son existence à réunir, mettre en forme et publier les fragments posthumes de son ami disparu.

Et, grâce à Derleth et à quelques autres (mais surtout grâce à Derleth), l'œuvre de Lovecraft vint au monde. Elle se présente aujourd'hui à nous comme une imposante architecture baroque, étagée par paliers larges et somptueux, comme une succession de cercles concentriques autour d'un vortex d'horreur et d'émerveillement absolus.

— Premier cercle, le plus extérieur : la correspondance et les poèmes. Ne sont que partiellement publiés, encore plus partiellement traduits. La correspondance est, il est vrai, impressionnante : environ cent mille lettres, dont certaines de trente ou quarante pages. Quant aux poèmes, aucun recensement complet n'existe à ce jour.

— Un deuxième cercle comprendrait les

nouvelles auxquelles Lovecraft a participé, soit que l'écriture ait été conçue dès le départ sous la forme d'une collaboration (comme avec Kenneth Sterling ou Robert Barlow), soit que Lovecraft ait fait bénéficier l'auteur de son travail de révision (exemples extrêmement nombreux ; l'importance de la collaboration de Lovecraft est variable, allant parfois jusqu'à la réécriture complète du texte).

On pourra y ajouter les nouvelles écrites par Derleth à partir de notes et fragments laissés par Lovecraft [1].

— Avec le troisième cercle, nous abordons les nouvelles effectivement écrites par Howard Phillips Lovecraft. Ici, évidemment, chaque mot compte ; l'ensemble est publié en français, et nous ne pouvons plus espérer qu'il s'agrandisse.

— Enfin, nous pouvons sans arbitraire délimiter un quatrième cercle, le cœur absolu du mythe HPL, constitué par ce que les lovecraftiens les plus rassis continuent d'appeler, comme malgré eux, les « grands textes ». Je les cite par pur plaisir, avec leur date de composition :

1. Publiées chez *J'ai Lu ;* en médaillon, très jolie photo de HPL, devenue classique.

L'appel de Ctulhu (1926)
La couleur tombée du ciel (1927)
L'abomination de Dunwich (1928)
Celui qui chuchotait dans les ténèbres (1930)
Les montagnes hallucinées (1931)
La maison de la sorcière (1932)
Le cauchemar d'Innsmouth (1932)
Dans l'abîme du temps (1934)[1]

Sur l'ensemble de l'édifice conçu par HPL plane en outre, comme une atmosphère aux mouvances brumeuses, l'ombre étrange de sa propre personnalité. On pourra juger exagérée, voire morbide, l'ambiance de culte qui entoure le personnage, ses faits et gestes, ses moindres écrits. Mais on changera d'avis, je le garantis, dès qu'on se plongera dans les « grands textes ». A un homme qui vous apporte de pareils bienfaits, il est naturel de rendre un culte.

Les générations successives de lovecraftiens n'y ont pas manqué. Ainsi qu'il advient toujours, la figure du « reclus de Providence » est maintenant devenue presque aussi mythique que ses propres créations. Et, ce qui est spé-

1. Ces huit textes, les premiers publiés en France, constituent le sommaire des numéros 4 et 5 de la collection *Présence du Futur ;* le début d'une légende.

cialement merveilleux, toutes les tentatives de démystification ont *échoué*. Aucune biographie « serrée » n'a réussi à dissiper l'aura de pathétique étrangeté qui entoure le personnage. Et Sprague de Camp, au bout de cinq cents pages, doit avouer : « Je n'ai pas totalement compris qui était H.P. Lovecraft. » Quelle que soit la manière dont on l'envisage, Howard Phillips Lovecraft était vraiment un être humain *très* particulier.

L'œuvre de Lovecraft est comparable à une gigantesque machine à rêver, d'une ampleur et d'une efficacité inouïes. Rien de tranquille ni de réservé dans sa littérature ; l'impact sur la conscience du lecteur est d'une brutalité sauvage, effrayante ; et il ne se dissipe qu'avec une dangereuse lenteur. Entreprendre une relecture n'amène aucune modification notable ; sinon, éventuellement, d'en arriver à se demander : *comment fait-il ?*

Cette question n'a, dans le cas particulier de HPL, rien d'offensant ni de ridicule. En effet, ce qui caractérise son œuvre par rapport à une œuvre littéraire « normale », c'est que les disciples sentent qu'ils peuvent, au moins en théorie, en utilisant judicieusement les ingrédients indiqués par le maître, obtenir des résultats de qualité égale ou supérieure.

Personne n'a jamais sérieusement envisagé de *continuer* Proust. Lovecraft, si. Et il ne s'agit pas seulement d'une œuvre seconde placée sous le signe de l'hommage ou de la parodie, mais, véritablement, d'une continuation. Ce qui est un cas unique dans l'histoire littéraire moderne.

Le rôle de *générateur de rêves* joué par HPL ne se limite d'ailleurs pas à la littérature. Son œuvre, au moins autant que celle de R.E. Howard, quoique de manière plus sournoise, a apporté un profond renouveau au domaine de l'illustration fantastique. Même le rock, généralement prudent à l'égard de la chose littéraire, a tenu à lui rendre hommage — un hommage de puissance à puissance, de mythologie à mythologie. Quant aux implications des écrits de Lovecraft dans le domaine de l'architecture ou du cinéma, elles apparaîtront immédiatement au lecteur sensible. Il s'agit, véritablement, d'un nouvel univers à construire.

D'où l'importance des briques de base, et des techniques d'assemblage. Pour prolonger l'impact.

Deuxième partie

TECHNIQUES D'ASSAUT

La surface du globe apparaît aujourd'hui recouverte d'un réseau aux mailles irrégulièrement denses, de fabrication entièrement humaine.

Dans ce réseau circule le sang de la vie sociale. Transports de personnes, de marchandises, de denrées ; transactions multiples, ordres de vente, ordres d'achat, informations qui se croisent, échanges plus strictement intellectuels ou affectifs... Ce flux incessant étourdit l'humanité, éprise des soubresauts cadavériques de sa propre activité.

Pourtant, là où les mailles du réseau se font plus lâches, d'étranges entités se laissent deviner au chercheur « avide de savoir ». Partout où les activités humaines s'interrompent, partout où il y a *un blanc sur la carte,* les anciens dieux se tiennent tapis, prêts à reprendre leur place.

Comme dans ce terrifiant désert de l'Arabie intérieure, le Rûb-al-Khâlid, dont revint vers

731, après dix années de solitude complète, un poète mahométan du nom d'Abdul Al-Hazred. Devenu indifférent aux pratiques de l'Islam, il consacra les années suivantes à rédiger un livre impie et blasphématoire, le répugnant *Necronomicon* (dont quelques exemplaires ont survécu au bûcher et traversé les âges), avant de finir dévoré en plein jour par des monstres invisibles sur la place du marché de Damas.

Comme dans les plateaux inexplorés du Nord du Tibet, où les Tcho-Tchos dégénérés adorent en sautillant une divinité innommable, qu'ils qualifient « le Très Ancien ».

Comme dans cette gigantesque étendue du Pacifique Sud, où des convulsions volcaniques inattendues ramènent parfois au jour des résidus paradoxaux, témoignages d'une sculpture et d'une géométrie entièrement non-humaines, devant lesquels les indigènes apathiques et vicieux de l'archipel des Tuamotou se prosternent avec d'étranges reptations du tronc.

Aux intersections de ses voies de communication, l'homme a bâti des métropoles gigantesques et laides, où chacun, isolé dans un appartement anonyme au milieu d'un immeuble exactement semblable aux autres, croit absolument être le centre du monde et la mesure de toutes choses. Mais, sous les terriers creusés par ces insectes fouisseurs, de très anciennes et très puissantes créatures sortent lentement de leur sommeil. Elles étaient déjà là au Carbonifère, elles étaient déjà là au Trias et au Permien ; elles ont connu les vagissements du premier mammifère, elle connaîtront les hurlements d'agonie du dernier.

Howard Phillips Lovecraft n'était pas un théoricien. Comme l'a bien vu Jacques Bergier, en introduisant le matérialisme au cœur de l'épouvante et de la féerie, il a créé un nouveau genre. Il n'est plus question de croire ou de ne pas croire, comme dans les histoires de vampires et de loups-garous ; il n'y a pas de réinterprétation possible, pas d'échappatoire. Aucun fantastique n'est moins psychologique, moins *discutable.*

Pourtant, il ne semble pas avoir pleinement pris conscience de ce qu'il faisait. Il a bien consacré un essai de cent cinquante pages au domaine fantastique. Mais, à la relecture, *Epouvante et surnaturel en littérature* déçoit un peu ; pour tout dire, on a même l'impression que le livre *date* légèrement. Et on finit par comprendre pourquoi : tout simplement parce qu'il ne tient pas compte de la contribution de Lovecraft lui-même au domaine fantastique. On y apprend beaucoup sur l'étendue de sa culture et sur ses goûts ; on y apprend qu'il admirait Poe, Dunsany, Machen, Blackwood ; mais rien n'y laisse deviner ce qu'il va écrire.

La rédaction de cet essai se situe en 1925-1926, soit immédiatement avant que HPL entame la série des « grands textes ». Il y a probablement là plus qu'une coïncidence ; sans doute a-t-il ressenti le besoin certainement pas conscient, peut-être même pas inconscient, on aimerait plutôt dire *organique,* de récapituler tout ce qui s'était fait dans le domaine fantastique avant de le faire éclater en se lançant dans des voies radicalement nouvelles.

En quête des techniques de composition utilisés par HPL, nous pourrons également être tentés de chercher des indications dans les lettres, commentaires, conseils qu'il adresse à ses jeunes correspondants. Mais, là encore, le résultat est déconcertant et décevant. D'abord parce que Lovecraft tient compte de la personnalité de son interlocuteur. Il commence toujours par essayer de comprendre ce que l'auteur a voulu faire ; et il ne formule ensuite que des conseils précis et ponctuels, exactement adaptés à la nouvelle dont il parle. Plus encore, il lui arrive fréquemment de donner des recommandations qu'il est le premier à enfreindre ; il ira même jusqu'à conseiller de « ne pas abuser des adjectifs tels que monstrueux, innommable, indicible... ». Ce qui, quand on le lit, est assez étonnant. La seule indication de portée générale se trouve en fait dans une lettre du 8 février 1922 adressée à Frank Belknap Long : « *Je n'essaie jamais d'écrire une histoire, mais j'attends qu'une histoire* ait besoin *d'être écrite. Quand je me mets délibérément au travail pour écrire un conte, le résultat est plat et de qualité inférieure.* »

Pourtant, Lovecraft n'est pas insensible à la question des *procédés de composition.* Comme Baudelaire, comme Edgar Poe, il est fasciné par l'idée que l'application rigide de certains schémas, certaines formules, certaines symétries doit pouvoir permettre d'accéder à la perfection. Et il tentera même une première conceptualisation dans un opuscule manuscrit de trente pages intitulé *Le Livre de Raison.*

Dans une première partie, très brève, il donne des conseils généraux sur la manière d'écrire une nouvelle (fantastique ou non). Il essaie ensuite d'établir une typologie des « éléments horrifiants fondamentaux utilement mis en œuvre dans le récit d'épouvante ». Quant à la dernière partie de l'ouvrage, de loin la plus longue, elle est constituée par une série de notations échelonnées entre 1919 et 1935, chacune tenant généralement en une phrase, et chacune pouvant servir de point de départ à un récit fantastique.

Avec sa générosité coutumière, Lovecraft prêtait volontiers ce manuscrit à ses amis, leur recommandant de ne pas se gêner pour utiliser telle ou telle idée de départ dans une production de leur cru.

Ce *Livre de Raison* est en fait, surtout, un étonnant stimulant pour l'imagination. Il contient les germes d'idées vertigineuses dont les neuf dixièmes n'ont jamais été développées, ni par Lovecraft, ni par qui que ce soit d'autre. Et il apporte, dans sa trop brève partie théorique, une confirmation de la haute idée que Lovecraft se faisait du fantastique, de son absolue généralité, de son lien étroit avec les éléments fondamentaux de la conscience humaine (comme « élément horrifiant fondamental », nous avons, par exemple : « *Toute marche, irrésistible et mystérieuse, vers un destin.* »).

Mais, du point de vue des procédés de composition utilisés par HPL, nous ne sommes pas plus renseignés. Si le *Livre de Raison* peut fournir des briques de base, il ne nous donne aucune indication sur les moyens de les assembler. Et ce serait peut-être trop demander à Lovecraft. Il est difficile, et peut-être impossible, d'avoir à la fois son génie et l'intelligence de son génie.

Pour essayer d'en savoir plus, il n'y a qu'un moyen, d'ailleurs le plus logique : se plonger dans les textes de fiction écrits par HPL. D'abord dans les « grands textes », ceux écrits dans les dix dernières années de sa vie, où il est dans la plénitude de ses moyens. Mais aussi dans les textes antérieurs ; on y verra naître un par un les moyens de son art, exactement comme des instruments de musique qui s'essaieraient tour à tour à un fugitif solo, avant de plonger, réunis, dans la furie d'un opéra démentiel.

Attaquez le récit comme un radieux suicide

Une conception classique du récit fantastique pourrait se résumer comme suit. Au commencement, il ne se passe absolument rien. Les personnages baignent dans un bonheur banal et béat, adéquatement symbolisé par la vie de famille d'un agent d'assurances dans une banlieue américaine. Les enfants jouent au base-ball, la femme fait un peu de piano, etc. Tout va bien.

Puis, peu à peu, des incidents presque insignifiants se multiplient et se recoupent de manière dangereuse. Le vernis de la banalité se fissure, laissant le champ libre à d'inquiétantes hypothèses. Inexorablement, les forces du mal font leur entrée dans le décor.

Il faut souligner que cette conception a fini par donner naissance à des résultats réellement impressionnants. On pourra citer comme un aboutissement les nouvelles de Richard Matheson, qui, au sommet de son art, prend un plaisir manifeste à choisir des décors d'une totale banalité (supermarchés, stations-service...), décrits d'une manière volontairement prosaïque et terne.

Howard Phillips Lovecraft se situe aux antipodes de cette manière d'aborder le récit. Chez lui, pas de « banalité qui se fissure », d'« incidents au départ presque insignifiants »... Tout ça ne l'intéresse pas. Il n'a aucune envie de consacrer trente pages, ni même trois, à la description de la vie de famille d'un Américain moyen. Il veut bien se documenter sur n'importe quoi, les rituels aztèques ou l'anatomie des batraciens, mais certainement pas sur la vie quotidienne.

Considérons pour clarifier le débat les premiers paragraphes d'une des réussites les plus insidieuses de Matheson, *Le Bouton* :

« *Le paquet était déposé sur le seuil : un cartonnage cubique clos par une simple bande gommée, portant leur adresse en capitales manuscrites :* Mr. et Mrs. Arthur Lewis, 217 E 37ᵉ Rue, New York. *Norma le ramassa, tourna la clef dans la serrure et entra. La nuit tombait.*

Quand elle eut mis les côtelettes d'agneau à rôtir, elle se confectionna un martini-vodka et s'assit pour défaire le paquet.

Elle y trouva une commande à bouton fixée sur une petite boîte en contreplaqué. Un dôme de verre protégeait le bouton. Norma essaya de l'enlever, mais il était solidement assujetti. Elle renversa la boîte et vit une feuille de papier pliée, fixée au scotch sur le fond de la caissette. Elle lut ceci : Mr. Steward se présentera chez vous ce soir à vingt heures. »

Voici maintenant l'attaque de *L'Appel de Ctulhu,* le premier des « grands textes » lovecraftiens :

« *A mon sens, la plus grande faveur que le ciel nous ait accordée, c'est l'incapacité de l'esprit humain à mettre en corrélation tout ce qu'il renferme. Nous vivons sur un îlot de placide ignorance au sein des noirs océans de l'infini, et nous n'avons pas été destinés à de longs voyages. Les sciences, dont chacune tend dans une direction particulière, ne nous ont pas fait trop de mal jusqu'à présent ; mais un jour viendra où la synthèse de ces connaissances dissociées nous ouvrira des perspectives terrifiantes sur la réalité et sur la place effroyable que nous y occupons : alors cette révélation nous rendra fous, à moins que nous ne fuyions cette clarté funeste pour nous réfugier dans la paix d'un nouvel âge de ténèbres.* »

Le moins qu'on puisse dire, c'est que Lovecraft annonce la couleur. A première vue, c'est plutôt un inconvénient. Et en effet on constate que peu de gens, amateurs de fantastique ou non, réussissent à reposer la nouvelle de Matheson sans savoir ce qu'il en est de ce maudit bouton. HPL, lui, aurait plutôt tendance à sélectionner ses lecteurs dès le départ. Il écrit pour un public de fanatiques ; public qu'il finira par trouver, quelques années après sa mort.

D'une manière plus profonde et cachée, il y a cependant un défaut dans la méthode du récit fantastique à progression lente. Il ne se révèle généralement qu'après lecture de plusieurs ouvrages écrits dans la même veine. En multipliant les incidents plus ambigus que terrifiants, on titille l'imagination du lecteur sans vraiment la satisfaire ; on l'incite à se mettre en route. Et il est toujours dangereux de laisser l'imagination du lecteur en liberté. Car elle peut fort bien en arriver d'elle-même à des conclusions atroces ; vraiment atroces. Et au moment où l'auteur, après cinquante pages de préparation laborieuse, nous livre le secret de son horreur finale, il arrive que nous soyons un peu déçus. Nous attendions pire.

Dans ses meilleures réussites, Matheson parvient à écarter le danger en introduisant dans les dernières pages une dimension philosophique ou morale tellement évidente, tellement poignante et pertinente que l'ensemble de la nouvelle se trouve aussitôt baigné dans un éclairage différent, d'une tristesse mortelle. Il n'empêche que ses plus beaux textes restent des textes assez brefs.

Lovecraft, lui, se meut aisément dans des nouvelles de cinquante ou soixante pages, voire plus. Au sommet de ses moyens artistiques, il a besoin d'un espace suffisamment vaste pour y loger tous les éléments de sa grandiose machinerie. L'étagement de paroxysmes qui constitue l'architecture des « grands textes » ne saurait se satisfaire d'une dizaine de pages. Et *L'Affaire Charles Dexter Ward* atteint les dimensions d'un bref roman.

Quant à la « chute », si chère aux Américains, elle ne l'intéresse en général que fort peu. Aucune nouvelle de Lovecraft n'est close sur elle-même. Chacune d'entre elles est un morceau de peur ouvert, et qui hurle. La nouvelle suivante reprendra la peur du lecteur exactement au même point, pour lui donner de nouveaux aliments. Le grand Ctulhu est indestructible, même si le péril peut être temporairement écarté. Dans sa demeure de R'lyeh sous les mers, il recommencera à attendre, à dormir en rêvant :

« *N'est pas mort pour toujours qui dort dans l'Eternel,*
Et d'étranges éons rendent la mort mortelle. »

Logique avec lui-même, HPL pratique avec une énergie déconcertante ce qu'on pourrait appeler *l'attaque en force*. Et il éprouve une prédilection pour cette variante qu'est l'attaque théorique. Nous avons cité celles d'*Arthur Jermyn* (p. 16) et de *L'Appel de Ctulhu* (p. 40). Autant de radieuses variations sur le thème : « Vous qui entrez, laissez ici toute espérance ». Rappelons encore celle, justement célèbre, qui ouvre *Par-delà le mur du sommeil* :

« *Je me suis souvent demandé si la majeure partie des hommes prend jamais le temps de réfléchir à la signification formidable de certains rêves, et du monde obscur auquel ils appartiennent. Sans doute nos visions nocturnes ne sont-elles, pour la plupart, qu'un faible et imaginaire reflet de ce qui nous est arrivé à l'état de veille (n'en déplaise à Freud avec son symbolisme puéril) ; néanmoins, il en est d'autres dont le caractère irréel ne permet aucune interprétation banale, dont l'effet impressionnant et un peu inquiétant suggère la possibilité de brefs aperçus d'une sphère d'existence mentale tout aussi importante que la vie physique, et pourtant séparée d'elle par une barrière presque infranchissable.* »

Parfois, au balancement harmonieux des phrases, il préférera une certaine brutalité, comme pour *Le Monstre sur le seuil,* dont voici la première phrase : « *Il est vrai que j'ai logé six balles dans la tête de mon meilleur ami, et pourtant j'espère prouver par le présent récit que je ne suis pas son meurtrier.* » Mais toujours il choisit le style contre la banalité. Et l'ampleur de ses moyens ne cessera de s'accroître. *La transition de Juan Romero,* nouvelle de 1919, débute ainsi : « *Sur les événements qui se déroulèrent les 18 et 19 octobre 1894 à la mine de Norton, je préférerais garder le silence.* » Encore bien terne et prosaïque, cette attaque a cependant le mérite d'annoncer la splendide fulguration qui ouvre *Dans l'abîme du temps,* le dernier des « grands textes », écrit en 1934 :

« *Après vingt-deux ans de cauchemar et d'effroi, soutenu par la seule conviction que certaines de mes impressions furent purement imaginaires, je me refuse à garantir la véracité de ce que je crois avoir découvert en Australie occidentale dans la nuit du 17 au 18 juillet 1935. J'ai de fortes raisons d'espérer que mon aventure appartient au domaine de l'hallucination ; néanmoins, elle fut empreinte d'un réalisme si hideux que, parfois, tout espoir me paraît impossible.* »

Ce qui est étonnant, c'est qu'après un pareil début il réussisse à maintenir le récit sur un plan d'exaltation croissante. Mais il avait, ses pires détracteurs s'accordent à le reconnaître, une imagination assez extraordinaire.

Par contre, ses personnages ne tiennent pas le choc. Et c'est là le seul véritable défaut de sa méthode d'attaque brutale. On se demande souvent, à la lecture de ses nouvelles, pourquoi les protagonistes mettent tant de temps à comprendre la nature de l'horreur qui les menace. Ils nous paraissent franchement obtus. Et il y là un vrai problème. Car, d'un autre côté, s'ils comprenaient ce qui est en train de se passer, rien ne pourrait les empêcher de s'enfuir, en proie à une terreur abjecte. Ce qui ne doit se produire qu'à la fin du récit.

Avait-il une solution ? Peut-être. On peut imaginer que ses personnages, tout en étant pleinement conscients de la hideuse réalité qu'ils ont à affronter, décident cependant de le faire. Un tel courage viril était sans doute trop peu dans le tempérament de Lovecraft pour qu'il envisage de le décrire. Graham Masterton et Lin Carter ont fait des tentatives dans ce sens, assez peu convaincantes il est vrai. Mais la chose semble, cependant, envisageable. On peut rêver d'un roman d'aventures mystérieuses où des héros ayant la solidité et la ténacité des personnages de John Buchan seraient confrontés à l'univers épouvantable et merveilleux d'Howard Phillips Lovecraft.

Prononcez sans faiblir le grand Non à la vie

Une haine absolue du monde en général, aggravée d'un dégoût particulier pour le monde moderne. Voilà qui résume bien l'attitude de Lovecraft.

Nombre d'écrivains ont consacré leur œuvre à préciser les motifs de ce légitime dégoût. Pas Lovecraft. Chez lui, la haine de la vie préexiste à toute littérature. Il n'y reviendra pas. Le rejet de toute forme de réalisme constitue une condition préalable à l'entrée dans son univers.

Si l'on définit un écrivain, non par rapport aux thèmes qu'il aborde, mais par rapport à ceux qu'il laisse de côté, alors on conviendra que Lovecraft occupe une place tout à fait à part. En effet, on ne trouve pas dans tout son œuvre la moindre allusion à deux réalités dont on s'accorde généralement à reconnaître l'importance : le sexe et l'argent. Vraiment pas la moindre. Il écrit exactement comme si ces choses n'existaient pas. Et ceci à un tel point que lorsqu'un personnage féminin intervient dans un récit (ce qui se produit en tout et pour tout deux fois), on éprouve une étrange sensation de bizarrerie, comme s'il s'était subitement mis en tête de décrire un Japonais.

Face à une exclusion aussi radicale, certains critiques ont bien évidemment conclu que tout son œuvre était en réalité truffé de symboles sexuels particulièrement brûlants. D'autres individus de même calibre intellectuel ont formulé le diagnostic d'« homosexualité latente ». Ce que rien n'indique, ni dans sa correspondance, ni dans sa vie. Autre hypothèse sans intérêt.

Dans une lettre au jeune Belknap Long, Lovecraft s'exprime avec la plus grande netteté sur ces questions, à propos du *Tom Jones* de Fielding, qu'il considère (hélas à juste titre) comme un sommet du réalisme, c'est-à-dire de la médiocrité :

« *En un mot, mon enfant, je considère ce genre d'écrits comme une recherche indiscrète de ce qu'il y a de plus bas dans la vie et comme la transcription servile d'événements vulgaires avec les sentiments grossiers d'un concierge ou d'un marinier. Dieu sait, nous pouvons voir assez de bêtes dans n'importe quelle basse-cour et observer tous les mystères du sexe dans l'accouplement des vaches et des pouliches. Quand je regarde l'homme, je désire regarder les caractéristiques qui l'élè-*

vent à l'état d'être humain, et les ornements qui donnent à ses actions la symétrie et la beauté créatrice. Ce n'est pas que je désire lui voir prêter, à la manière victorienne, des pensées et des mobiles faux et pompeux, mais je désire voir son comportement apprécié avec justesse, en mettant l'accent sur les qualités qui lui sont propres, et sans que soient stupidement mises en évidence ces particularités bestiales qu'il a en commun avec le premier verrat ou bouc venu. »

A la fin de cette longue diatribe, il conclut par une formule sans appel : « *Je ne crois pas que le réalisme soit jamais beau.* » Nous avons évidemment affaire, non pas à une autocensure provoquée par d'obscurs motifs psychologiques, mais à une conception esthétique nettement affirmée. C'est là un point qu'il importait d'établir. C'est fait.

Si Lovecraft revient si souvent sur son hostilité à toute forme d'érotisme dans les arts, c'est parce que ses correspondants (en général des jeunes gens, souvent même des adolescents) lui reposent régulièrement la question. Est-il vraiment sûr que les descriptions érotiques ou pornographiques ne puissent avoir aucun intérêt littéraire ? A chaque fois, il réexamine le problème avec beaucoup de bonne volonté, mais sa réponse ne variera pas : non, absolument aucun. En ce qui le concerne, il a acquis une connaissance complète du sujet avant d'atteindre l'âge de huit ans, grâce à la lecture des ouvrages médicaux de son oncle. Après quoi, précise-t-il, « *toute curiosité devenait naturellement impossible. Le sujet dans son ensemble avait pris le caractère de détails ennuyeux de la biologie animale, sans intérêt pour quelqu'un que ses goûts orientent plutôt vers les jardins de féerie et les cités d'or dans la gloire des couchers de soleil exotiques* ».

On sera tenté de ne pas prendre cette déclaration au sérieux, voire de subodorer sous l'attitude de Lovecraft d'obscures réticences morales. On se trompera. Lovecraft sait parfaitement ce que sont les inhibitions puritaines, il les partage et les glorifie à l'occasion. Mais ceci se situe sur un autre plan, qu'il distingue toujours de celui de la pure création artistique. Sa pensée sur ce sujet est complexe et précise. Et s'il refuse dans son œuvre la moindre allusion de nature sexuelle, c'est avant tout parce qu'il sent que de telles allusions ne peuvent avoir aucune place dans son univers esthétique.

Sur ce point en tout cas, la suite des événements lui a donné amplement raison. Certains ont essayé en effet d'introduire des éléments érotiques dans la trame d'une histoire à dominante lovecraftienne. Ce fut un échec absolu. Les tentatives de Colin Wilson, en particulier, tournent visiblement à la catastrophe ; on a sans cesse l'impression d'éléments émoustillants surajoutés pour grappiller quelques lecteurs supplémentaires. Et il ne pouvait, en réalité, en être autrement. Le mélange est intrinsèquement impossible.

Les écrits de HPL visent à un seul but : amener le lecteur à un état de *fascination.* Les seuls sentiments humains dont il veut entendre parler sont l'émerveillement et la peur. Il bâtira son univers sur eux, et exclusivement sur eux. C'est évidemment une limitation, mais une limitation consciente et délibérée. Et il n'existe pas de création authentique sans un certain aveuglement volontaire.

Pour bien comprendre l'origine de l'anti-érotisme de Lovecraft, il est peut-être opportun de rappeler que son époque est caractérisée par une volonté de se libérer des « pruderies victoriennes » ; c'est dans les années 1920-1930 que le fait d'aligner des obscénités devient la marque d'une authentique imagination créatrice. Les jeunes correspondants de Lovecraft en sont nécessairement marqués ; voilà pourquoi ils le questionnent avec insistance sur le sujet. Et lui, il leur répond. Avec sincérité.

A l'époque où écrivait Lovecraft, on commençait donc à trouver intéressant d'étaler des témoignages sur différentes expériences sexuelles ; en d'autres termes, d'aborder le sujet « ouvertement et en toute franchise ». Cette attitude franche et dégagée ne prévalait pas encore pour les questions d'argent, les transactions boursières, la gestion du patrimoine immobilier, etc. Il était encore de coutume, lorsqu'on abordait de tels sujets, de les situer plus ou moins dans une perspective sociologique ou morale. La véritable libération à cet égard ne s'est produite que dans les années 60. C'est sans doute pour cela qu'aucun de ses correspondants n'a jugé bon d'interroger Lovecraft sur le point suivant : pas plus que le sexe, l'argent ne joue le moindre rôle dans ses histoires. On n'y trouve pas la moindre allusion à la situation financière de ses personnages. Là non plus, ça ne l'intéresse absolument pas.

Dans ces conditions, on ne s'étonnera pas que Lovecraft n'ait guère éprouvé de sympathie pour Freud, le grand psychologue de l'ère capitaliste. Cet univers de « transactions » et de « transferts », qui vous donne l'impression d'être tombé par erreur dans un conseil d'administration, n'avait rien qui puisse le séduire.

Mais en dehors de cette aversion pour la psychanalyse, finalement commune à beaucoup d'artistes, Lovecraft avait quelques petites raisons supplémentaires de s'en prendre au

« charlatan viennois ». Il se trouve en effet que Freud se permet de parler du rêve ; et même à plusieurs reprises. Or, le rêve, Lovecraft connaît bien ; c'est un peu son territoire réservé. En fait, peu d'écrivains ont utilisé leurs rêves de manière aussi systématique que lui ; il classe le matériau fourni, il le traite ; parfois il est enthousiasmé et écrit l'histoire dans la foulée, sans même être totalement réveillé (c'est le cas pour *Nyarlathothep*) ; parfois il retient uniquement certains éléments, pour les insérer dans une nouvelle trame ; mais quoi qu'il en soit il prend le rêve très au sérieux.

On peut donc considérer que Lovecraft s'est montré relativement modéré avec Freud, ne l'insultant que deux ou trois fois dans sa correspondance ; mais il estimait qu'il y avait peu à dire, et que le phénomène psychanalytique s'effondrerait de lui-même. Il a quand même trouvé le temps de noter l'essentiel en résumant la théorie freudienne par ces deux mots : « symbolisme puéril ». On pourrait écrire des centaines de pages sur le sujet sans trouver de formule sensiblement supérieure.

Lovecraft, en fait, n'a pas une attitude de *romancier*. A peu près n'importe quel romancier s'imagine qu'il est de son devoir de donner une image exhaustive de la vie. Sa mission est d'apporter un nouvel « éclairage » ; mais sur les faits en eux-mêmes il n'a pas absolument le choix. Sexe, argent, religion, technologie, idéologie, répartition des richesses... un bon romancier ne doit rien ignorer. Et tout cela doit prendre place dans une vision *grosso modo* cohérente du monde. La tâche, évidemment, est humainement presque impossible, et le résultat presque toujours décevant. Un sale métier.

De manière plus obscure et plus déplaisante, un romancier, traitant de la vie en général, se retrouve nécessairement plus ou moins compromis avec elle. Lovecraft, lui, n'a pas ce problème. On peut parfaitement lui objecter que ces détails de « biologie animale » qui l'ennuient jouent un rôle important dans l'existence, et que ce sont même eux qui permettent la survie de l'espèce. Mais la survie de l'espèce, il n'en a rien à faire. « Pourquoi tellement vous préoccuper de l'avenir d'un monde condamné ? », comme le répondait Oppenheimer, le père de la bombe atomique, à un journaliste qui l'interrogeait sur les conséquences à long terme du progrès technologique.

Peu soucieux de restituer une image cohérente ou acceptable du monde, Lovecraft n'a aucune raison de faire de concessions à la vie ; ni aux fantômes, ni aux arrière-mondes. Ni à quoi que ce soit. Tout ce qui lui paraît inintéressant, ou de qualité artistique inférieure, il choisira délibérément de l'ignorer.

Et cette limitation lui donne de la force, et de l'altitude.

Ce parti pris de *limitation créatrice* n'a rien à voir, répétons-le, avec un quelconque « trafiquage » idéologique. Quand Lovecraft exprime son mépris des « fictions victoriennes », des romans édifiants qui attribuent des mobiles faux et pompeux aux actions humaines, il est parfaitement sincère. Et Sade n'aurait pas davantage trouvé grâce à ses yeux. Trafiquage idéologique, une fois de plus. Tentative de faire rentrer la réalité dans un schéma préétabli. Pacotille. Lovecraft, lui, n'essaie pas de repeindre dans une couleur différente les éléments de réalité qui lui déplaisent ; avec détermination, il les ignore.

Il se justifiera rapidement dans une lettre : « *En art, il ne sert à rien de tenir compte du chaos de l'univers, car ce chaos est si total qu'aucun texte écrit ne peut en donner même un aperçu. Je ne peux concevoir aucune image vraie de la structure de la vie et de la force cosmique autrement que comme un entremêlement de simples points disposés suivant des spirales sans direction précise.* »

Mais on ne comprend pas complètement le point de vue de Lovecraft si on considère cette limitation volontaire uniquement comme un parti pris philosophique, sans voir qu'il s'agit en même temps d'un *impératif technique.* Certains mobiles humains n'ont, effectivement, aucune place dans son œuvre ; en architecture, un des premiers choix à faire est celui des matériaux employés.

Alors, vous verrez une puissante cathédrale

On peut opportunément comparer un roman traditionnel à une vieille chambre à air placée dans l'eau, et qui se dégonfle. On assiste à un écoulement généralisé et assez faible, comme une espèce de suppuration d'humeurs, qui n'aboutit finalement qu'à un confus et arbitraire néant.

Lovecraft, lui, place énergiquement la main sur certains points de la chambre à air (le sexe, l'argent...) dont il souhaite ne rien voir affleurer. C'est la technique de la *constriction*. Le résultat étant, aux endroits choisis par lui, un jet puissant, une extraordinaire efflorescence d'images.

Ce qui produit peut-être l'impression la plus profonde à la première lecture des nouvelles de Lovecraft, ce sont les descriptions architecturales de *Dans l'abîme du temps* et des *Montagnes hallucinées*. Ici plus qu'ailleurs, nous sommes en présence d'un nouveau monde. La peur elle-même disparaît. Tout sentiment humain disparaît, hormis la fascination, pour la première fois isolée avec une telle pureté.

Pourtant, dans les fondements des gigantesques citadelles imaginées par HPL se dissimulent des créatures de cauchemar. Nous le savons, mais nous avons tendance à l'oublier, à l'exemple de ses héros, qui marchent comme dans un rêve vers un destin catastrophique, entraînés par la pure exaltation esthétique.

La lecture de ces descriptions stimule dans un premier temps, décourage ensuite toute tentative d'adaptation visuelle (picturale ou cinématographique). Des images affleurent à la conscience ; mais aucune ne paraît assez sublime, assez démesurée ; aucune ne parvient à la hauteur du rêve. Quant aux adaptations architecturales à proprement parler, rien jusqu'à présent n'a été tenté.

Il n'est pas téméraire de supposer que tel ou tel jeune homme, sortant enthousiasmé de la lecture des nouvelles de Lovecraft, en vienne à entreprendre des études d'architecture. Il connaîtra probablement la déception et l'échec. L'insipide et terne fonctionnalité de l'architecture moderne, son acharnement à déployer des formes simples et pauvres, à utiliser des matériaux froids et quelconques, sont trop nets pour être l'effet du hasard. Et personne, au moins avant quelques générations, ne rebâtira les féeriques dentelles du palais d'Irem.

On découvre une architecture progressivement et sous différents angles, *on se déplace à l'intérieur ;* c'est là un élément qui ne pourra jamais être restitué par une peinture, ni même par un film ; et c'est un élément que, de manière assez stupéfiante, Howard Phillips Lovecraft a réussi à recréer dans ses nouvelles.

Architecte-né, Lovecraft est assez peu peintre ; ses couleurs ne sont pas vraiment des couleurs ; ce sont plutôt des ambiances, ou, exactement, des *éclairages,* qui n'ont d'autre fonction que de mettre en valeur les architectures par lui décrites. Il a une particulière prédilection pour les lueurs blafardes d'une lune gibbeuse et décroissante ; mais il ne dédaigne pas l'explosion sanglante et cramoisie d'un coucher de soleil romantique, ni la limpidité cristalline d'un azur inaccessible.

Les structures cyclopéennes et démentielles imaginées par HPL produisent sur l'esprit un ébranlement violent et définitif, plus violent même (et c'est un paradoxe) que les magnifiques dessins d'architecture de Piranèse ou Monsu Desiderio. Nous gardons l'impression d'avoir déjà visité, en rêve, ces gigantesques cités. En réalité, Lovecraft ne fait que transcrire, du mieux qu'il peut, ses propres rêves. Plus tard, devant une architecture particulièrement grandiose, nous nous surprendrons à penser : « cela est assez *lovecraftien* ».

La première raison de la réussite de l'écrivain apparaît immédiatement lorsqu'on parcourt sa correspondance. Howard Phillips Lovecraft faisait partie de ces hommes, pas si nombreux, qui éprouvent une transe esthétique violente en présence d'une belle architecture. Dans ses descriptions d'un lever de soleil sur le panorama de clochers de Providence, ou du labyrinthe en escalier des ruelles de Marblehead, il perd tout sens de la mesure. Les adjectifs et les points d'exclamation se multiplient, des fragments d'incantation lui reviennent en mémoire, sa poitrine se soulève d'enthousiasme, les images se succèdent dans son esprit ; il plonge dans un véritable délire extatique.

Voici, autre exemple, comment il décrit à sa tante ses premières impressions de New York :

« *J'ai failli m'évanouir d'exaltation esthétique en admirant ce point de vue — ce décor vespéral avec les innombrables lumières des gratte-ciel, les reflets miroitants et les feux des bateaux bondissant sur l'eau, à l'extrémité gauche l'étincelante statue de la Liberté, et à droite l'arche scintillante du pont de Brooklyn. C'était quelque chose de plus puissant que les rêves de la légende de l'Ancien Monde — une constellation d'une majesté infernale — un poème dans le feu de Babylone ! (...)*

Tout cela s'ajoutant aux lumières étranges, aux bruits étranges du port, où le trafic du monde entier atteint son apogée. Trompes de brume, cloches de vaisseaux, au loin le grincement des treuils... visions des rivages lointains de l'Inde, où des oiseaux au plumage étincelant sont incités à chanter par l'encens d'étranges pagodes entourées de jardins, où des chameliers aux robes criardes pratiquent le troc devant des tavernes en bois de santal avec des matelots à la voix grave dont les yeux reflètent tout le mystère de la mer. Soieries et épices, ornements curieusement ciselés en or du Bengale, dieux et éléphants étrangement taillés dans le jade et la cornaline. Ah, mon Dieu ! Qu'il fasse que je puisse exprimer la magie de la scène ! »

Pareillement, devant les toits en croupe de Salem, il verra ressurgir des processions de puritains aux robes noires, au teint sévère, aux étranges chapeaux coniques, traînant vers son bûcher une vieille femme hurlante.

Toute sa vie, Lovecraft rêvera d'un voyage en Europe, qu'il n'aura jamais les moyens de s'offrir. Pourtant, si un homme en Amérique était né pour apprécier les trésors architecturaux de l'Ancien Monde, c'était bien lui. Quand il parle de « s'évanouir d'exaltation esthétique », il n'exagère pas. Et c'est très sérieusement qu'il affirmera à Kleiner que l'homme est semblable au polype du corail — que sa seule destinée est de « construire de vastes édifices, magnifiques, minéraux, pour que la lune puisse les éclairer après sa mort ».

Faute d'argent, Lovecraft ne quittera pas l'Amérique — à peine la Nouvelle-Angleterre. Mais, compte tenu de la violence de ses réactions devant Kingsport ou Marblehead, on peut se demander ce qu'il aurait ressenti s'il s'était trouvé transporté à Salamanque ou Notre-Dame de Chartres.

Car l'architecture de rêve qu'il nous décrit est, comme celle des grandes cathédrales gothiques ou baroques, une architecture *totale*. L'harmonie héroïque des plans et des volumes s'y fait ressentir avec violence ; mais, aussi, les clochetons, les minarets, les ponts surplombant des abîmes sont surchargés d'une ornementation exubérante, contrastant avec de gigantesques surfaces de pierre lisse et nue. Bas-reliefs, hauts-reliefs et fresques viennent orner les voûtes titanesques conduisant d'un plan incliné vers un nouveau plan incliné, sous les entrailles de la terre. Beaucoup retracent la grandeur et la décadence d'une race ; d'autres, plus simples et plus géométriques, semblent suggérer d'inquiétants aperçus mystiques.

Comme celle des grandes cathédrales, comme celle des temples hindous, l'architecture de H.P. Lovecraft est beaucoup plus qu'un jeu mathématique de volumes. Elle est entièrement imprégnée par l'idée d'une dramaturgie essentielle, d'une dramaturgie mythique qui donne son sens à l'édifice. Qui théâtralise le moindre de ses espaces, utilise les ressources conjointes des différents arts plastiques, annexe à son profit la magie des jeux de lumière. C'est une architecture *vivante,* car elle repose sur une conception vivante et émotionnelle du monde. En d'autres termes, c'est une architecture sacrée.

Et vos sens, vecteurs d'indicibles dérèglements

> *« L'atmosphère d'abandon et de mort était extrêmement oppressante, et l'odeur de poisson presque intolérable. »*

Le monde pue. Odeur de cadavres et de poissons mêlés. Sensation d'échec, hideuse dégénérescence. Le monde pue. Il n'y a pas de fantômes sous la lune tumescente ; il n'y a que des cadavres gonflés, ballonnés et noirs, sur le point d'éclater dans un vomissement pestilentiel.

Ne parlons pas du toucher. Toucher les êtres, les entités vivantes, est une expérience impie et répugnante. Leur peau boursouflée de hideux bourgeonnements suppure des humeurs putréfiées. Leurs tentacules suceurs, leurs organes de préhension et de mastication constituent une menace constante. Les êtres, et leur hideuse vigueur corporelle. Un bouillonnement amorphe et nauséabond, une puante Némésis de chimères demi-avortées ; un blasphème.

La vision nous apporte parfois la terreur, parfois aussi de merveilleuses échappées sur une architecture de féerie. Mais, hélas, nous avons cinq sens. Et les autres sens convergent pour confirmer que l'univers est une chose franchement *dégoûtante.*

On a souvent remarqué que les personnages de Lovecraft, assez difficiles à distinguer les uns des autres, en particulier dans les « grands textes », constituent autant de projections de Lovecraft lui-même. Certes. A condition de garder au mot de « projection » son sens de simplification. Ce sont des projections de la véritable personnalité de Lovecraft à peu près comme une surface plane peut être la projection orthogonale d'un volume. On reconnaît, effectivement, la forme générale. Etudiants ou professeurs dans une université de la Nouvelle-Angleterre (de préférence la Miskatonic University) ; spécialisés en anthropologie ou en folklore, parfois en économie politique ou en géométrie non euclidienne ; de tempérament discret et réservé, le visage long et émacié ; ont été amenés, par profession et par tempérament, à s'orienter plutôt vers les satisfactions de l'esprit. C'est une sorte de schéma, de *portrait-robot ;* et nous n'en saurons en général pas plus.

Lovecraft n'a pas immédiatement choisi de mettre en scène des personnages interchangeables et *plats.* Dans ses nouvelles de jeunesse, il se donne la peine de dépeindre à chaque fois un narrateur différent, avec un milieu social, une histoire personnelle, voire une psychologie... Parfois, ce narrateur sera un poète, ou un homme animé de *sentiments poétiques ;* cette veine donnera d'ailleurs lieu aux ratages les plus indiscutables de HPL.

Ce n'est que progressivement qu'il en vient à reconnaître l'inutilité de toute psychologie différenciée. Ses personnages n'en ont guère besoin ; un équipement sensoriel en bon état de marche peut leur suffire. Leur seule fonction réelle, en effet, est de *percevoir.*

On peut même dire que la platitude voulue des personnages de Lovecraft contribue à renforcer le pouvoir de conviction de son univers. Tout trait psychologique trop accusé contribuerait à gauchir leur témoignage, à lui ôter un peu de sa transparence ; nous sortirions du domaine de l'épouvante matérielle pour rentrer dans celui de l'épouvante psychique. Et Lovecraft ne souhaite pas nous décrire des psychoses, mais de répugnantes réalités.

Pourtant, ses héros sacrifient à cette clause de style, chère aux écrivains fantastiques, consistant à affirmer que leur récit n'est peut-être qu'un simple cauchemar, fruit d'une imagination enfiévrée par la lecture de livres impies. Ce n'est pas trop grave, nous n'y croyons pas une seule seconde.

Assaillis par des perceptions abominables, les personnages de Lovecraft se comporteront en observateurs muets, immobiles, totalement impuissants, paralysés. Ils aimeraient s'enfuir, ou sombrer dans la torpeur d'un évanouissement miséricordieux. Rien à faire. Ils resteront cloués sur place, cependant qu'autour d'eux le cauchemar s'organise. Que les perceptions visuelles, auditives, olfactives, tactiles se multiplient et se déploient en un crescendo hideux.

La littérature de Lovecraft donne un sens précis et alarmant au célèbre mot d'ordre de « dérèglement de tous les sens ». Peu de gens, par exemple, trouveront infecte et repoussante l'odeur iodée du varech ; sauf, sans doute, les lecteurs du *Cauchemar d'Innsmouth*. De même, il est difficile, après avoir lu HPL, d'envisager calmement un batracien. Tout cela fait de la lecture intensive de ses nouvelles une expérience assez éprouvante.

Transformer les perceptions ordinaires de la vie en une source illimitée de cauchemars, voilà l'audacieux pari de tout écrivain fantastique. Lovecraft y réussit magnifiquement, en apportant à ses descriptions une touche de dégénérescence baveuse qui n'appartient qu'à lui. Nous pouvons quitter en abandonnant ses nouvelles ces crétins mulâtres et semi-amorphes qui les peuplent, ces humanoïdes à la démarche flasque et traînante, à la peau écailleuse et rêche, aux narines plates et dilatées, à la respiration chuintante ; ils reviendront tôt ou tard dans nos vies.

Dans l'univers lovecraftien, il faut réserver une place spéciale aux perceptions auditives ; HPL n'appréciait guère la musique, et ses préférences en la matière allaient aux opérettes de Gilbert et Sullivan. Mais il manifeste, dans l'écriture de ses contes, une ouïe dangereusement fine ; quand un personnage, en posant les mains sur la table devant vous, émet un faible bruit de succion, vous savez que vous êtes dans une nouvelle de Lovecraft ; de même quand vous discernez dans son rire une nuance de *caquètement,* ou une bizarre stridulation d'insecte. La précision maniaque avec laquelle HPL organise la *bande son* de ses nouvelles est certainement pour beaucoup dans la réussite des plus épouvantables d'entre elles. Je ne veux pas uniquement parler de *La Musique d'Erich Zann,* où, exceptionnellement, la musique provoque à elle seule l'épouvante cosmique ; mais de toutes les autres, où, alternant subtilement les perceptions visuelles et auditives, les faisant parfois se rejoindre et, bizarrement, diverger d'un seul coup, il nous amène très sûrement à un état de nerfs pathétique.

Voici, par exemple, une description extraite de *Prisonnier des pharaons,* nouvelle mineure écrite sur la commande du prestidigitateur Harry Houdini, qui contient cependant certains des plus beaux dérèglements verbaux d'Howard Phillips Lovecraft :

« *Soudainement, mon attention fut attirée par quelque chose qui avait frappé mon ouïe avant que j'eusse repris vraiment conscience : d'un lieu situé encore plus bas, dans les entrailles de la terre, provenaient certains sons cadencés et précis qui ne ressemblaient à rien de ce que j'avais entendu jusque-là. Je sentis intuitivement qu'ils étaient très anciens. Ils étaient produits par un groupe d'instruments que mes connaissances de l'égyptologie me permirent d'identifier : flûte, sambouque, sistre et tympan. Le rythme de cette musique me communiqua un sentiment d'épouvante bien plus puissant que toutes les terreurs du monde, une épouvante bizarrement détachée de ma personne et ressemblant à une espèce de pitié pour notre planète qui renferme dans ses profondeurs tant d'horreurs.*

Les sons augmentèrent de volume et je les sentis s'approcher. Que tous les dieux de l'Univers s'unissent pour m'éviter d'avoir à entendre quelque chose de semblable à nouveau ! Je commençai à percevoir le piétinement morbide et multiplié de créatures en mouvement. Ce qui était horrible, c'était que des démarches aussi dissemblables puissent avancer avec un ensemble aussi parfait. Les monstruosités venues du plus profond de la terre devaient s'être entraînées pendant des milliers d'années pour défiler de cette manière. Marchant, boîtant, cliquetant, rampant, sautillant, tout se faisait au son horriblement discordant de ces instruments infernaux. C'est alors que je me mis à trembler... »

Ce passage n'est pas un paroxysme. A ce stade de la nouvelle, il ne s'est, à proprement parler, rien passé. Elles vont encore s'approcher, ces choses qui cliquètent, rampent et sautillent. Vous allez, finalement, les *voir*.

Plus tard, certains soirs, à l'heure où tout s'endort, vous aurez tendance à percevoir le « piétinement morbide et multiplié de créatures en mouvement ». Ne vous étonnez pas. Là était le but.

Traceront le schéma d'un délire intégral

« Des angles intérieurs de la tête partent cinq tubes rougeâtres, terminés par des renflements de même couleur ; ceux-ci, lorsqu'on appuie dessus, s'ouvrent sur des orifices en forme de cloche, munis de saillies blanches semblables à des dents pointues, qui doivent représenter des bouches. Tous ces tubes, cils et pointes de la tête se trouvaient repliés lorsque nous avons découvert les spécimens. Surprenante flexibilité malgré nature très coriace du tissu.

Au bas du torse, contrepartie grossière de la tête et de ses appendices : pseudo-cou bulbeux dépourvu d'ouïes, mais avec dispositif verdâtre à cinq pointes.

Bras musclés et durs, longs de quatre pieds : sept pouces de diamètre à la base, deux pouces à l'extrémité. A chaque extrémité est attachée une membrane triangulaire de huit pouces de long et six pieds de large. C'est cette espèce de nageoire qui a laissé des empreintes dans une roche vieille de près de mille millions d'années.

Des angles intérieurs du dispositif verdâtre à cinq pointes émergent des tubes rougeâtres longs de deux pieds, mesurant trois pouces de diamètre à la base et un pouce de diamètre à l'extrémité, terminés par un petit orifice. Toutes ces parties dures comme du cuir mais très flexibles. Les bras munis de nageoires utilisés sans aucun doute pour déplacement sur terre ou dans l'eau. Différents appendices du bas du torse repliés exactement comme ceux de la tête. »

La description des Grands Anciens dans *Les Montagnes hallucinées,* dont ce passage est extrait, est restée classique. S'il y a un ton qu'on ne s'attendait pas à trouver dans le récit fantastique, c'est bien celui du compte rendu de dissection. A part Lautréamont recopiant des pages d'une encyclopédie du comportement animal, on voit mal quel prédécesseur on pourrait trouver à Lovecraft. Et celui-ci n'avait certainement jamais entendu parler des *Chants de Maldoror.* Il semble bien en être arrivé de lui-même à cette découverte : l'utilisation du vocabulaire scientifique peut constituer un extraordinaire stimulant pour l'imagination poétique. Le contenu à la fois précis, fouillé dans les détails et riche en arrière-plans théoriques qui est celui des encyclopédies peut produire un effet délirant et extatique.

Les Montagnes hallucinées constitue un des plus beaux exemples de cette précision onirique. Tous les noms de lieux sont cités, les indications topographiques se multiplient ; chaque décor du drame est précisément situé par sa latitude et sa longitude. On pourrait parfaitement suivre les pérégrinations des personnages sur une carte à grande échelle de l'Antarctique.

Les héros de cette longue nouvelle sont une équipe de scientifiques, ce qui permet une intéressante variation des angles : les descriptions de Lake auront trait à la physiologie animale, celles de Peabody à la géologie... HPL se paie même le luxe d'intégrer à son équipe un étudiant féru de littérature fantastique, qui cite régulièrement des passages d'*Arthur Gordon Pym.* Il ne craint plus de se mesurer à Poe. En 1923, il qualifiait encore ses productions d'« horreurs gothiques » et se déclarait fidèle au « style des vieux maîtres, spécialement Edgar Poe ». Mais il n'en est plus là. En introduisant de force dans le récit fantastique le vocabulaire et les concepts des secteurs de la connaissance humaine qui lui apparaissaient les plus étrangers, il vient de faire éclater son cadre. Et ses premières publications en France se feront, à tout hasard, dans une collection de science-fiction. Manière de le déclarer inclassable.

Le vocabulaire clinique de la physiologie

animale et celui, plus mytérieux, de la paléontologie (les strates pseudo-archéennes du Comanchien supérieur...) ne sont pas les seuls que Lovecraft annexera à son univers. Il prendra vite conscience de l'intérêt de la terminologie linguistique. « L'individu, au faciès basané, aux traits vaguement reptiliens, s'exprimait par de chuintantes élisions et de rapides successions de consonnes rappelant obscurément certains dialectes proto-akkadiens. »

L'archéologie et le folklore font également, et dès le départ, partie du projet. « Il faut réviser toutes nos connaissances, Wilmarth ! Ces fresques sont antérieures de sept mille ans aux plus anciennes nécropoles sumériennes ! » Et HPL ne rate jamais son effet lorsqu'il glisse dans le récit une allusion à « certaines coutumes rituelles particulièrement répugnantes des indigènes de la Caroline du Nord ». Mais, ce qui est plus étonnant, il ne se contentera pas des sciences humaines ; il s'attaquera également aux sciences « dures » ; les plus théoriques, les plus éloignées *a priori* de l'univers littéraire.

Le Cauchemar d'Innsmouth, probablement la nouvelle la plus effrayante de Lovecraft, repose entièrement sur l'idée d'une dégénérescence génétique « hideuse et presque innommable ». Affectant d'abord la texture de la peau et le mode de prononciation des voyelles, elle se fait ensuite sentir sur la forme générale du corps, l'anatomie des systèmes respiratoire et circulatoire... Le goût du détail et le sens de la progression dramatique rendent la lecture réellement éprouvante. On notera que la génétique est ici utilisée non seulement pour le pouvoir évocateur de ses termes, mais aussi comme armature théorique du récit.

Au stade suivant, HPL plongera sans hésiter dans les ressources alors inexplorées des mathématiques et des sciences physiques. Il est le premier à avoir pressenti le pouvoir poétique de la topologie ; à avoir frémi aux travaux de Gödel sur la non-complétude des systèmes logiques formels. D'étranges constructions axiomatiques, aux implications vaguement repoussantes, étaient sans doute nécessaires pour permettre le surgissement des ténébreuses entités autour desquelles s'articule le cycle de Ctulhu.

« *Un homme aux yeux d'Oriental a déclaré que le temps et l'espace étaient relatifs.* » Cette bizarre synthèse des travaux d'Einstein, extraite d'*Hypnos* (1922), n'est qu'un timide préambule au déchaînement théorique et conceptuel qui trouvera son apogée dix ans plus tard dans *La Maison de la sorcière,* où l'on essaiera d'expliquer les circonstances abjectes ayant permis à une vieille femme du XVIIe siècle d'« acquérir des connaissances mathématiques transcendant les travaux de Planck, Heisenberg, Einstein et de Sitter ». Les angles de sa demeure, où habite le malheureux Walter Gilman, manifestent des particularités déroutantes qui ne peuvent s'expliquer que dans le cadre d'une géométrie non euclidienne. Possédé par la fièvre de la connaissance, Gilman négligera toutes les matières qui lui sont enseignées à l'université, hormis les mathématiques, où il en viendra à manifester un génie pour résoudre les équations riemanniennes qui stupéfiera le professeur Upham. Celui-ci « *appréciе surtout sa démonstration des rapports étroits entre les mathématiques transcendantales et certaines sciences magiques d'une antiquité à peine concevable témoignant d'une connaissance du cosmos bien supérieure à la nôtre* ». Lovecraft annexe au passage les équations de la mécanique quantique (à peine découverte au moment où il écrit), qu'il qualifie aussitôt d'« impies et paradoxales », et Walter Gilman mourra le cœur dévoré par un rat, dont il est nettement suggéré qu'il provient de régions du cosmos « entièrement étrangères à notre continuum espace-temps ».

Dans ses dernières nouvelles, Lovecraft utilise ainsi les moyens multiformes de la description d'un savoir total. Un mémoire obscur sur certains rites de la fécondation chez une tribu tibétaine dégénérée, les particularités algébriques déroutantes des espaces préhilbertiens, l'analyse de la dérive génétique dans une population de lézards semi-amorphes du Chili, les incantations obscènes d'un ouvrage de démonologie compilé par un moine franciscain à demi-fou, le comportement imprévisible d'une population de neutrinos soumis à un champ magnétique d'intensité croissante, les sculptures hideuses et jamais exposées en public d'un décadent anglais... tout peut servir à son évocation d'un univers multidimensionnel où les domaines les plus hétérogènes du savoir convergent et s'entrecroisent pour créer cet état de transe poétique qui accompagne la révélation des vérités interdites.

Les sciences, dans leur effort gigantesque de description *objective* du réel, lui fourniront cet outil de démultiplication visionnaire dont il a besoin. HPL, en effet, vise à une épouvante objective. Une épouvante déliée de toute connotation psychologique ou humaine. Il veut, comme il le dit lui-même, créer une mythologie qui « aurait encore un sens pour les intelligences composées de gaz des nébuleuses spirales ».

De même que Kant veut poser les fondements d'une morale valable « non seulement pour l'homme, mais pour toute créature raisonnable en général », Lovecraft veut créer un fantastique capable de terrifier toute créature douée de raison. Les deux hommes ont d'ailleurs d'autres points en commun ; outre leur maigreur et le goût des sucreries, on peut signaler ce soupçon qui a été formulé à leur égard de n'être *pas totalement humains*. Quoi qu'il en soit, le « solitaire de Königsberg » et le « reclus de Providence » se rejoignent dans leur volonté héroïque et paradoxale de passer *par-dessus* l'humanité.

Qui se perdra dans l'innommable architecture des temps

Le style de compte rendu d'observations scientifiques utilisé par HPL dans ses dernières nouvelles répond au principe suivant : *plus les événements et les entités décrites seront monstrueuses et inconcevables, plus la description sera précise et clinique.* Il faut un scalpel pour décortiquer l'innommable.

Tout impressionnisme est donc à bannir. Il s'agit de contruire une littérature vertigineuse ; et il n'y a pas de vertige sans une certaine *disproportion d'échelle,* sans une certaine juxtaposition du minutieux et de l'illimité, du ponctuel et de l'infini.

Voilà pourquoi, dans *Les Montagnes hallucinées,* Lovecraft tient absolument à nous communiquer la latitude et la longitude de chaque point du drame. Alors que dans le même temps il met en scène des entités bien au-delà de notre galaxie, parfois même au-delà de notre continuum espace-temps. Il veut ainsi créer une sensation de balancement ; les personnages se déplacent entre des points précis, mais ils oscillent au bord d'un gouffre.

Ceci a son exacte contrepartie dans le domaine temporel. Si des entités distantes de plusieurs centaines de millions d'années viennent à se manifester dans notre histoire humaine, il importe de dater précisément les moments de cette manifestation. Ce sont autant de points de rupture. Pour permettre l'irruption de l'indicible.

Le narrateur de *Dans l'abîme du temps* est un professeur d'économie politique descendant de vieilles familles « extrêmement saines » du Massachussets. Pondéré, équilibré, rien ne le prédispose à cette transformation qui s'abat sur lui le jeudi 14 mai 1908. Au lever, il est victime de migraines, mais, cependant, se rend normalement à ses cours. Puis survient l'événement.

« *Vers 10 h 20 du matin, alors que je faisais à des étudiants de première année un cours sur les différentes tendances passées et présentes de l'économie politique, je vis des formes étranges danser devant mes yeux et je crus me trouver dans une salle bizarrement décorée.*

Mes paroles et mes pensées s'écartèrent du sujet traité, et les étudiants comprirent qu'il se passait une chose grave. Puis je perdis connaissance et m'affaissai sur mon fauteuil, plongé dans une torpeur dont personne ne put me tirer. Il s'écoula cinq ans, quatre mois et treize jours avant que je retrouve l'usage normal de mes facultés et une vision juste du monde. »

Après un évanouissement de seize heures et demie, le professeur reprend en effet connaissance ; mais une subtile modification semble s'être introduite dans sa personnalité. Il manifeste une étonnante ignorance vis-à-vis des réalités les plus élémentaires de la vie quotidienne, jointe à une connaissance surnaturelle de faits appartenant au passé le plus lointain ; et il lui arrive de parler de l'avenir en des termes qui suscitent la frayeur. Sa conversation laisse parfois percer une ironie étrange, comme si les *dessous du jeu* lui étaient parfaitement connus, et depuis fort longtemps. Le jeu de ses muscles faciaux lui-même a complètement changé. Sa famille et ses amis lui manifestent une répugnance instinctive, et sa femme finira par demander le divorce, alléguant que c'est un étranger qui « usurpe le corps de son mari ».

Effectivement, le corps du professeur Peaslee a été colonisé par l'esprit d'un membre de la Grand'Race, sortes de cônes rugueux qui régnaient sur Terre bien avant l'apparition de l'homme, et avaient acquis la capacité de projeter leur esprit dans le futur.

La réintégration de l'esprit de Nathanial Wingate Peaslee dans son enveloppe corporelle se fera le 27 septembre 1913 ; la transmutation commencera à onze heures un quart et sera achevée un peu après midi. Les premiers mots du professeur, après cinq ans d'absence, seront exactement la suite du cours d'économie politique qu'il donnait à ses étudiants au début de la nouvelle... Bel effet de symétrie, construction du récit parfaite.

La juxtaposition d'« il y a trois cent millions d'années » et de « à onze heures un quart » est également typique. Effet d'échelle, effet de vertige. Procédé emprunté à l'architecture, une fois de plus.

Toute nouvelle fantastique se présente comme l'intersection d'entités monstrueuses, situées dans des sphères inimaginables et interdites, avec le plan de notre existence ordinaire. Chez Lovecraft, le tracé de l'intersection est précis et ferme ; il se densifie et se complique à mesure que progresse le récit ; et c'est cette précision narrative qui emporte notre adhésion à l'inconcevable.

Parfois, HPL utilisera plusieurs tracés convergents, comme dans *L'Appel de Ctulhu,* qui surprend et impressionne par la richesse de sa structure. A la suite d'une nuit de cauchemar, un artiste décadent modèle une statuette particulièrement hideuse. Dans cette œuvre, le professeur Angell reconnaît un nouvel exemplaire de cette monstruosité mi-pieuvre mi-humaine qui avait si désagréablement impressionné les participants au congrès d'archéologie de Saint-Louis, dix-sept ans plus tôt. Le spécimen leur avait été apporté par un inspecteur de police, qui l'avait découvert à la suite d'une enquête sur la persistance de certains rites vaudous impliquant des sacrifices humains et des mutilations. Un autre participant au congrès avait fait allusion à l'idole marine adorée par des tribus Eskimo dégénérées.

A la suite du décès « accidentel » du professeur Angell, bousculé par un matelot nègre dans le port de Providence, son neveu reprend le fil de l'enquête. Il collationne les coupures de presse, et finit par tomber sur un article du *Sydney Bulletin* relatant le naufrage d'un yacht néo-zélandais et la mort inexplicable des membres de son équipage. Le seul survivant, le capitaine Johansen, est devenu fou. Le neveu du professeur Angell se rend en Norvège pour l'interroger ; Johansen vient de mourir sans avoir retrouvé la raison, et sa veuve lui remet un manuscrit dans lequel il relate leur rencontre en pleine mer avec une entité abjecte et gigantesque *reproduisant exactement les contours de la statuette.*

Dans cette nouvelle, dont l'action se déroule sur trois continents, HPL multiplie les procédés de narration visant à donner l'impression de l'objectivité : articles de journaux, rapports de police, comptes rendus de travaux de sociétés scientifiques... tout converge jusqu'au paroxysme final : la rencontre des malheureux compagnons du capitaine norvégien avec le grand Ctulhu lui-même : « *Johansen estime que deux des six hommes qui ne regagnèrent pas le bateau moururent de peur à cet instant maudit. Nul ne saurait décrire le monstre ; aucun langage ne saurait peindre cette vision de folie, ce chaos de cris inarticulés, cette hideuse contradiction de toutes les lois de la matière et de l'ordre cosmique.* »

Entre 16 heures et 16 h 15, une brèche s'est ouverte dans l'architecture des temps. Et, par la béance ainsi créée, une effroyable entité s'est manifestée sur notre terre. *Ph'nglui mglw'nafh Ctulhu R'lyeh wgah'nagl fhtagn !*

Le grand Ctulhu, maître des profondeurs intérieures. Hastur le Destructeur, celui qui marche sur le vent, et qu'on ne doit pas nommer. Nyarlathothep, le chaos rampant. L'amorphe et stupide Azathoth, qui bavote et bouillonne au centre de toute infinitude. Yog-Sothoth, corégent d'Azathoth, « Tout en Un et Un en Tout ». Tels sont les principaux éléments de cette mythologie lovecraftienne qui impressionnera si fort ses successeurs, et qui continue de fasciner aujourd'hui. Les repères de l'innommable.

Il ne s'agit pas d'une mythologie cohérente, aux contours précis, contrairement à la mythologie gréco-romaine ou à tel ou tel panthéon magique, presque rassurants dans leur clarté et leur *fini*. Les entités que Lovecraft met en place restent assez ténébreuses. Il évite de préciser la répartition de leurs puissances et de leurs pouvoirs. En fait, leur nature exacte échappe à tout concept humain. Les livres impies qui leur rendent hommage et célèbrent leur culte ne le font qu'en termes confus et contradictoires. Ils restent, fondamentalement, *indicibles*. Nous n'avons que de fugitifs aperçus sur leur hideuse puissance ; et les humains qui cherchent à en savoir plus le paient inéluctablement par la démence et par la mort.

Troisième partie

HOLOCAUSTE

Le XXe siècle restera peut-être comme un âge d'or de la littérature épique et fantastique, une fois que se seront dissipées les brumes morbides des avant-gardes molles. Il a déjà permis l'émergence de Howard, Lovecraft et Tolkien. Trois univers radicalement différents. Trois piliers d'une *littérature du rêve,* aussi méprisée de la critique qu'elle est plébiscitée par le public.

Cela ne fait rien. La critique finit toujours par reconnaître ses torts ; ou, plus exactement, les critiques finissent par mourir, et sont remplacés par d'autres. Ainsi, après trente années d'un silence méprisant, les « intellectuels » se sont penchés sur Lovecraft. Leur conclusion a été que l'individu avait une imagination réellement surprenante (il fallait bien, malgré tout, expliquer son succès), mais que son style était déplorable.

Ce n'est pas sérieux. Si le style de Lovecraft est déplorable, on peut gaiement conclure que le style n'a, en littérature, pas la moindre importance ; et passer à autre chose.

Ce point de vue stupide peut cependant se comprendre. Il faut bien dire que HPL ne participe guère de cette conception élégante, subtile, minimaliste et retenue qui rallie en général tous les suffrages. Voici par exemple un extrait de *Prisonnier des pharaons :*

« *Je vis l'horreur de ce que l'antiquité égyptienne avait de plus affreux, et je découvris la monstrueuse alliance qu'elle avait depuis toujours conclue avec les tombeaux et les temples des morts. Je vis des processions fantômes de prêtres aux têtes de taureaux, de faucons, de chats et d'ibis, qui défilaient interminablement dans des labyrinthes souterrains et des propylées titanesques auprès desquels l'homme n'est qu'un insecte, offrant des sacrifices innommables à des dieux indescriptibles. Des colosses de pierre marchaient dans la nuit sans fin et conduisaient des hordes d'androsphinx ricanants jusqu'aux berges de fleuves d'obscurité aux eaux stagnantes. Et derrière tout cela je vis la malveillance indicible de la nécromancie primaire, noire et amorphe, qui me cherchait goulûment à tâtons dans l'obscurité.* »

De tels morceaux de boursouflure emphatique constituent évidemment une pierre d'achoppement pour tout lecteur instruit ; mais il faut aussitôt préciser que ces passages extrémistes sont sans doute ceux que préfèrent les véritables amateurs. Dans ce registre, Lovecraft n'a jamais été égalé. On a pu lui emprunter sa manière d'utiliser les concepts mathématiques, de préciser la topographie de chaque lieu du drame ; on a pu reprendre sa mythologie, sa bibliothèque démoniaque imaginaire ; mais jamais on n'a envisagé d'imiter ces passages où il perd toute retenue stylistique, où adjectifs et adverbes s'accumulent jusqu'à l'exaspération, où il laisse échapper des exclamations de pur délire du genre : « *Non ! les hippopotames ne devraient pas avoir des mains humaines ni porter des torches !* ». Et pourtant, là est le véritable but de l'œuvre. On peut même dire que la construction, souvent subtile et élaborée, des « grands textes » lovecraftiens, n'a d'autre raison d'être que de préparer les passages d'explosion stylistique. Comme dans *Le Cauchemar d'Innsmouth,* où l'on trouve la confession hallucinante de Zadok Allen, le nonagénaire alcoolique et à demi-fou :

« *Hi, hi, hi, hi ! Vous commencez à comprendre, hein ? P'têt ben qu'ça vous aurait plu d'être à ma place à c'te époque, et d'voir c'que j'ai vu en mer, en plein milieu d'la nuit, depuis l'belvédère qu'était en haut de la maison ? J'peux vous dire qu'les murs ont des oreilles, et, c'qu'est d'moi, j'perdais rien de c'qu'on racontait sur Obed et les ceusses qu'allaient au récif ! Hi, hi, hi, hi ! Et c'est pour ça qu'un soir j'ai pris la lunette d'approche d'mon père, et j'suis monté au belvédère, et j'ai vu qu'le récif était tout couvert d'formes grouillantes qu'ont plongé aussitôt qu'la lune s'est levée. Obed et les hommes y z'étaient dans un canot, mais quand ces formes ont plongé dans l'eau et sont pas r'montées... Ça vous aurait-y plu d'être un p'tit môme tout seul dans un belvédère en train d'regarder ces formes* qu'étaient pas des formes humaines ?... *Hein ?... Hi, hi, hi, hi, hi...* »

Ce qui oppose Lovecraft aux représentants du bon goût est plus qu'une question de détail. HPL aurait probablement considéré une nouvelle comme ratée s'il n'avait pas eu l'occasion, au moins une fois dans sa rédaction, de *dépasser les bornes.* Cela se vérifie *a contrario* dans un jugement qu'il porte sur un confrère : « Henry James est peut-être un peu trop diffus, trop délicat et trop habitué aux subtilités du langage pour arriver vraiment à une horreur sauvage et dévastatrice. »

Le fait est d'autant plus remarquable que Lovecraft a été toute sa vie le prototype du gentleman discret, réservé et bien éduqué. Pas du tout le genre à dire des horreurs, ni à délirer en public. Personne ne l'a jamais vu se mettre en colère ; ni pleurer, ni éclater de rire. Une vie réduite au minimum, dont toutes les forces vives ont été transférées vers la littérature et vers le rêve. Une vie exemplaire.

Anti-biographie

Howard Phillips Lovecraft constitue un exemple pour tous ceux qui souhaitent apprendre à rater leur vie, et, éventuellement, à réussir leur œuvre. Encore que, sur ce dernier point, le résultat ne soit pas garanti. A force de pratiquer une politique de total non-engagement vis-à-vis des réalités vitales, on risque de sombrer dans une apathie complète, et de ne même plus écrire ; et c'est bien ce qui a manqué de lui arriver, à plusieurs reprises. Un autre danger est le suicide, avec lequel il faudra apprendre à négocier ; ainsi, Lovecraft a toujours gardé à portée de la main, pendant plusieurs années, une petite bouteille de cyanure. Cela peut s'avérer extrêmement utile, à condition de tenir le coup. Il a tenu le coup, non sans difficultés.

D'abord, l'argent. HPL offre à cet égard le cas déconcertant de l'individu à la fois pauvre et désintéressé. Sans jamais sombrer dans la misère, il a été toute sa vie extrêmement gêné. Sa correspondance révèle péniblement qu'il doit faire sans cesse attention au prix des choses, y compris des articles de consommation les plus élémentaires. Il n'a jamais eu les moyens de se lancer dans une dépense importante, comme l'achat d'une voiture, ou ce voyage en Europe dont il rêvait.

L'essentiel de ses revenus provenait de ses travaux de révision et de correction. Il acceptait de travailler à des tarifs extrêmement bas, voire gratuitement s'il s'agissait d'amis ; et quand une de ses factures ne lui était pas payée, il s'abstenait en général de relancer le créancier ; il n'était pas digne d'un *gentleman* de se compromettre dans de sordides histoires d'argent, ni de manifester un souci trop vif pour ses propres intérêts.

En outre, il disposait par héritage d'un petit capital, qu'il a grignoté tout au long de sa vie, mais qui était trop faible pour n'être autre chose qu'un appoint. Il est d'ailleurs assez poignant de constater qu'au moment où il meurt, son capital est presque tombé à zéro ; comme s'il avait exactement vécu le nombre d'années qui lui étaient imparties par sa fortune familiale (assez faible) et par sa propre capacité à l'économie (assez forte).

Quant à ses propres œuvres, elles ne lui ont pratiquement rien rapporté. De toute manière, il n'estimait pas convenable de faire de la littérature une profession. Comme il l'écrit, « un gentleman n'essaie pas de se faire connaître et laisse cela aux petits égoïstes parvenus ». La sincérité de cette déclaration est évidemment difficile à apprécier ; elle peut nous apparaître comme le résultat d'un formidable tissu d'inhibitions, mais il faut en même temps la considérer comme l'application stricte d'un code de comportement désuet, auquel Lovecraft adhérait de toutes ses forces. Il a toujours voulu se voir comme un gentilhomme provincial, cultivant la littérature comme un des beaux-arts, pour son propre plaisir et celui de quelques amis, sans souci des goûts du public, des thèmes à la mode, ni de quoi que ce soit de ce genre. Un tel personnage n'a plus aucune place dans nos sociétés ; il le savait, mais il a toujours refusé d'en tenir compte. Et, de toute façon, ce qui le différenciait du véritable « gentilhomme campagnard », c'est qu'il ne possédait rien ; mais, ça non plus, il ne voulait pas en tenir compte.

A une époque de mercantilisme forcené, il est réconfortant de voir quelqu'un qui refuse aussi obstinément de « se vendre ». Voici, par exemple, la lettre d'accompagnement qu'il joint, en 1923, à son premier envoi de manuscrits à *Weird Tales* :

« Cher Monsieur,

Ayant pour habitude d'écrire des récits étranges, macabres et fantastiques pour mon propre divertissement, j'ai récemment été assailli par une douzaine d'amis bien intentionnés, me pressant de soumettre quelques-unes de mes horreurs gothiques à votre magazine récemment fondé. Ci-joint cinq nouvelles écrites entre 1917 et 1923.

Les deux premières sont probablement les meilleures. Si elles ne vous convenaient pas, inutile, par conséquent, de lire les autres (...)

Je ne sais si elles vous plairont, car je n'ai aucun souci de ce que requièrent les textes « commerciaux ». Mon seul but est le plaisir que je retire à créer d'étranges situations, des effets d'atmosphère ; et le seul lecteur dont je tienne compte, c'est moi-même. Mes modèles sont invariablement les vieux maîtres, spécialement Edgar Poe, qui fut mon écrivain favori depuis ma première enfance. Si, par quelque miracle, vous envisagiez de publier mes contes, je n'ai qu'une condition à vous soumettre : qu'on n'y fasse aucune coupure. Si le texte ne peut être imprimé comme il fut écrit, au point-virgule et à la dernière virgule près, c'est avec reconnaissance qu'il acceptera votre refus. Mais je ne risque sans doute pas grand-chose de ce côté-là, car il y a peu de chances pour que mes manuscrits rencontrent votre considération. « Dagon » a déjà été refusé par Black Mask, *à qui je l'avais proposé sous une contrainte extérieure, comme c'est le cas pour l'envoi ci-joint.* »

Lovecraft changera sur beaucoup de points, spécialement sur sa dévotion au style des « vieux maîtres ». Mais son attitude à la fois hautaine et masochiste, farouchement anti-commerciale, ne variera pas : refus de dactylographier ses textes, envoi aux éditeurs de manuscrits sales et froissés, mention systématique des refus précédents... Tout pour déplaire. Aucune concession. Là encore, il joue contre lui-même.

« *Naturellement, je ne suis pas familiarisé avec les phénomènes de l'amour, sinon par des lectures superficielles.* »

(lettre du 27 septembre 1919
à Reinhardt Kleiner)

La biographie de Lovecraft comporte très peu d'événements. « *Il ne se passe jamais rien* », tel est un des leitmotive de ses lettres. Mais on peut dire que sa vie, déjà réduite à peu de chose, aurait été rigoureusement vide s'il n'avait pas croisé le chemin de Sonia Haft Greene.

Comme lui, elle appartenait au mouvement du « journalisme amateur ». Très actif aux Etats-Unis vers 1920, ce mouvement a apporté à de nombreux écrivains isolés, situés en dehors des circuits de l'édition, la satisfaction de voir leur production imprimée, distribuée et lue. Ce sera la seule activité sociale de Lovecraft ; elle lui apportera l'intégralité de ses amis, et aussi sa femme.

Quand elle le rencontre, elle a trente-huit ans, soit sept ans de plus que lui. Divorcée, elle a de son premier mariage une fille de seize ans. Elle vit à New York, et gagne sa vie comme vendeuse dans un magasin de vêtements.

Elle semble être immédiatement tombée amoureuse de lui. Pour sa part, Lovecraft garde une attitude réservée. A vrai dire, il ne connaît absolument rien aux femmes. C'est elle qui doit faire le premier pas, et même les suivants. Elle l'invite à dîner, vient lui rendre visite à Providence. Finalement, dans une petite ville du Rhode Island appelée Magnolia, elle prend l'initiative de l'embrasser. Lovecraft rougit, devient tout pâle. Comme Sonia se moque gentiment de lui, il doit lui expliquer que c'est la première fois qu'on l'embrasse depuis sa plus tendre enfance.

Ceci se passe en 1922, et Lovecraft a trente-deux ans. Lui et Sonia se marieront deux ans plus tard. Au fil des mois, il semble progressivement se dégeler. Sonia Greene est une femme exceptionnellement gentille et charmante ; de l'avis général, une très belle femme, aussi. Et l'inconcevable finit par se produire : le « vieux gentleman » est tombé amoureux.

Plus tard, après l'échec, Sonia détruira toutes les lettres que Lovecraft lui a adressées ; il n'en subsiste qu'une, bizarre et pathétique dans sa volonté de comprendre l'amour humain chez quelqu'un qui se sent, à tous égards, si éloigné de l'humanité. En voici de brefs passages :

« Chère Mrs. Greene,

L'amour réciproque d'un homme et d'une femme est une expérience de l'imagination qui consiste à attribuer à son objet une certaine relation particulière avec la vie esthético-émotionnelle de celui qui l'éprouve, et dépend de conditions particulières qui doivent être remplies par cet objet. (...)

Avec de longues années d'amour lentement entretenu viennent l'adaptation et une parfaite entente ; les souvenirs, les rêves, les stimuli délicats, esthétiques et les impressions habituelles de beauté de rêve deviennent des modifications permanentes grâce à l'influence que chacun exerce tacitement sur l'autre (...)

Il y a une différence considérable entre les sentiments de la jeunesse et ceux de la maturité. Vers quarante ans ou peut-être cinquante, un changement complet commence à s'opérer ; l'amour accède à une profondeur calme et sereine fondée sur une tendre association auprès de laquelle l'engouement érotique de la jeunesse prend un certain aspect de médiocrité et d'avilissement.

La jeunesse apporte avec elle des stimuli érogènes et imaginaires liés aux phénomènes tactiles des corps minces, aux attitudes virginales et à l'imagerie visuelle des contours esthétiques classiques, symbolisant une sorte de fraîcheur et d'immaturité printanière qui sont très belles, mais qui n'ont rien à voir avec l'amour conjugal. »

Ces considérations ne sont pas fausses sur le plan théorique ; elles paraissent simplement un peu déplacées. Disons, en tant que lettre d'amour, l'ensemble est assez inhabituel. Quoi qu'il en soit, cet anti-érotisme affiché n'arrêtera pas Sonia. Elle se sent capable de venir à bout des réticences de son bizarre amoureux. Il y a dans les relations entre les êtres des éléments parfaitement incompréhensibles ; cette évidence se trouve spécialement illustrée dans le cas présent. Sonia semble très bien avoir compris Lovecraft, sa frigidité, son inhibition, son refus et son dégoût de la vie. Quant à lui, qui se considère comme un vieillard à trente ans, on reste surpris qu'il ait pu envisager l'union avec cette créature dynamique, plantureuse, pleine de vie. Une juive divorcée, qui plus est ; ce qui, pour un antisémite conservateur comme lui, aurait dû constituer un obstacle insurmontable.

On a avancé qu'il espérait se faire entretenir ; cela n'a rien d'invraisemblable, même si la suite des événements devait donner un cruel démenti à cette perspective. En tant qu'écrivain, il a évidemment pu céder à la tentation d' « acquérir de nouvelles expériences » concernant la sexualité et le mariage. Enfin, il faut rappeler que c'est Sonia qui a pris les devants, et que Lovecraft, en quelque matière que ce soit, n'a jamais été capable de dire non. Mais c'est encore l'explication la plus invraisemblable qui semble la meilleure : Lovecraft semble bien avoir été, *d'une certaine manière,* amoureux de Sonia, comme Sonia était amoureuse de lui. Et ces deux êtres si dissemblables, mais qui s'aimaient, furent unis par les liens du mariage le 3 mars 1924.

Le choc de New York

Immédiatement après le mariage, le couple s'installe à Brooklyn, dans l'appartement de Sonia. Lovecraft va y vivre les deux années les plus surprenantes de sa vie. Le reclus misanthrope et un peu sinistre de Providence se transforme en un homme affable, plein de vie, toujours prêt pour une sortie au restaurant ou dans un musée. Il envoie des lettres enthousiastes pour annoncer son mariage :

« *Deux ne forment plus qu'un. Une autre a porté le nom de Lovecraft. Une nouvelle famille est fondée !*

Je voudrais que vous puissiez voir grand-papa cette semaine, se levant régulièrement avec le jour, allant et venant d'un pas rapide. Et tout cela avec la perspective dans le lointain d'un travail littéraire régulier — mon premier vrai boulot ! »

Ses correspondants débarquent chez lui, l'appartement des Lovecraft ne désemplit pas. Ils sont tout surpris de découvrir un jeune homme de trente-quatre ans là où ils croyaient trouver un vieillard désenchanté ; Lovecraft, à cette date, éprouve exactement le même type de surprise. Il commence même à caresser des rêves de notoriété littéraire, à prendre contact avec des éditeurs, à envisager une *réussite*. Ce miracle est signé Sonia.

Il ne regrette même pas l'architecture coloniale de Providence, qu'il croyait indispensable à sa survie. Son premier contact avec New York est au contraire marqué par l'émerveillement ; on en retrouve l'écho dans *Lui*, nouvelle largement autobiographique écrite en 1925 :

« *En arrivant dans la ville, je l'avais aperçue dans le crépuscule, du haut d'un pont, s'élevant majestueusement au-dessus de l'eau. Ses pics et ses pyramides incroyables se dressaient dans la nuit comme des fleurs. Teintée par des brumes violettes, la cité jouait délicatement avec les nuages flamboyants et les premières étoiles du soir. Puis elle s'était éclairée, fenêtre après fenêtre. Et sur les flots scintillants, où glissaient des lanternes oscillantes et où les cornes d'appel émettaient d'étranges harmonies, le panorama ressemblait à un firmament étoilé, fantastique, baigné de musiques féeriques.* »

Lovecraft n'a jamais été aussi près du bonheur qu'en cette année 1924. Leur couple aurait pu durer. Il aurait pu trouver un emploi de rédacteur à *Weird Tales.* Il aurait pu...

Cependant, tout va basculer, à la suite d'un petit événement lourd de conséquences : Sonia va perdre son emploi. Elle tentera d'ouvrir sa propre boutique, mais l'affaire périclitera. Lovecraft sera donc contraint de chercher un travail pour assurer la subsistance du ménage.

La tâche s'avérera absolument impossible. Il essaiera pourtant, répondant à des centaines d'offres, adressant des candidatures spontanées... Echec total. Bien sûr, il n'a aucune idée des réalités que recouvrent des mots comme dynamisme, compétitivité, sens commercial, efficience... Mais quand même, dans une économie qui n'était à l'époque même pas en crise, il aurait dû être capable de trouver un emploi subalterne... Eh bien non. Rien du tout. Il n'y a aucune place concevable, dans l'économie américaine de son époque, pour un individu comme Lovecraft. Il y a là une espèce de *mystère ;* et lui-même, bien qu'il ait conscience de son inadaptation et de ses insuffisances, ne comprend pas tout à fait.

Voici un extrait de la lettre circulaire qu'il finit par adresser à d'« éventuels employeurs » :

« *La notion d'après laquelle même un homme cultivé et d'une bonne intelligence ne peut acquérir rapidement une compétence dans un domaine légèrement en dehors de ses habitudes me semblerait naïve ; cependant, des événements récents m'ont montré de la manière la plus nette à quel point cette superstition est largement répandue. Depuis que j'ai commencé, voici deux mois, la recherche d'un travail pour lequel je suis naturellement et par mes études bien armé, j'ai répondu à près de cent annonces sans même avoir obtenu une chance d'être écouté de manière satisfaisante — apparemment parce que je ne peux faire état d'un emploi occupé antérieurement dans le département correspondant aux différentes firmes auxquelles je m'adressais. Abandonnant donc les filières traditionnelles, j'essaie finalement à titre d'expérience de prendre l'initiative.* »

Le côté vaguement burlesque de la tentative (« à titre d'expérience », notamment, n'est pas mal) ne doit pas dissimuler le fait que Lovecraft se trouvait dans une situation financière réellement pénible. Et son échec répété le surprend. S'il avait vaguement conscience de ne pas être tout à fait en phase avec la société de son époque, il ne s'attendait quand même pas à un rejet aussi net. Plus loin, la détresse perce lorsqu'il annonce qu'il est disposé, « *eu égard aux usages et à la nécessité, à débuter aux conditions les plus modestes, et avec la rémunération réduite qui est habituellement versée aux novices* ». Mais rien n'y fera. Quelle que soit la rémunération, sa candidature n'intéresse personne. Il est inadaptable à une économie de marché. Et il commence à vendre ses meubles.

Parallèlement, son attitude par rapport à l'environnement se détériore. Il faut être pauvre pour bien comprendre New York. Et Lovecraft va découvrir *l'envers du décor.* A la première description de la ville succèdent dans *Lui* les paragraphes suivants :

« *Mais mes espérances furent rapidement déçues. Là où la lune m'avait donné l'illusion de la beauté et du charme, la lumière crue du jour ne me révéla que le sordide, l'aspect étranger et la malsaine prolifération d'une pierre qui s'étendait en largeur et en hauteur. Une multitude de gens se déversaient dans ces rues qui ressemblaient à des canaux. C'étaient des étrangers trapus et basanés, avec des visages durs et des yeux étroits, des étrangers rusés, sans rêves et fermés à ce qui les entourait. Ils n'avaient rien de commun avec l'homme aux yeux bleus de l'ancien peuple des colons, qui gardait au fond du cœur l'amour des prairies verdoyantes et des blancs clochers des villages de la Nouvelle-Angleterre.* »

Nous voyons ici se manifester les premières traces de ce racisme qui nourrira par la suite l'œuvre de HPL. Il se présente au départ sous une forme assez banale : au chômage, menacé par la pauvreté, Lovecraft supporte de plus en plus mal un environnement urbain agressif et dur. Il éprouve de surcroît une certaine amertume à constater que des immigrants de toute provenance s'engouffrent sans difficulté dans ce *melting-pot* tourbillonnant qu'est l'Amérique des années 1920, alors que lui-même, malgré sa pure ascendance anglo-saxonne, est toujours en quête d'une situation. Mais il y a plus. Il y aura plus.

Le 31 décembre 1924, Sonia part pour Cincinnati, où elle a trouvé un nouvel emploi. Lovecraft refuse de l'y accompagner. Il ne supporterait pas d'être exilé dans une ville anonyme du Middle West. De toute manière, il n'y croit déjà plus — et il commence à méditer un retour à Providence. On peut le suivre à la trace dans *Lui* : « *Ainsi donc, je parvins quand même à écrire quelques poèmes, tout en chassant l'envie que j'avais de retourner chez moi, dans ma famille, de peur d'avoir l'air de revenir humilié, la tête basse, après un échec.* »

Il restera quand même un peu plus d'un an à New York. Sonia perd son emploi à Cincinnati, mais en retrouve un nouveau à Cleveland. La mobilité américaine... Elle revient à la maison tous les quinze jours, rapportant à son mari l'argent nécessaire à sa survie. Et lui continue, en vain, sa dérisoire recherche d'emploi. Il se sent, en fait, horriblement gêné. Il aimerait retourner chez lui, à Providence, chez ses tantes, mais il n'ose pas. Pour la première fois de sa vie, il lui est impossible de se conduire en *gentleman*. Voici comment il décrit le comportement de Sonia à sa tante Lillian Clark :

« *Je n'ai jamais vu une plus admirable attitude pleine d'égards désintéressés et de sollicitude ; chaque difficulté financière que j'éprouve est acceptée et excusée dès lors qu'elle se révèle inévitable... Un dévouement capable d'accepter sans un murmure cette combinaison d'incompétence et d'égoïsme esthétique, si contraire qu'elle puisse être à tout ce qu'on pouvait espérer à l'origine, est assurément un phénomène si rare, si proche de la sainteté dans son sens historique, qu'il suffit d'avoir le moindre sens des proportions artistiques pour y répondre avec l'estime réciproque la plus vive, avec admiration et avec affection.* »

Pauvre Lovecraft, pauvre Sonia. L'inévitable finira cependant par se produire, et en avril 1926 Lovecraft abandonne l'appartement de New York pour retourner à Providence vivre chez sa tante la plus âgée, Lillian Clark. Il divorcera d'avec Sonia trois ans plus tard — et ne connaîtra plus d'autre femme. En 1926, sa vie à proprement parler est terminée.

Son œuvre véritable — la série des « grands textes » — va commencer.

New York l'aura définitivement marqué. Sa haine contre l'« hybridité puante et amorphe » de cette Babylone moderne, contre le « colosse étranger, bâtard et contrefait, qui baragouine et hurle vulgairement, dépourvu de rêves, entre ses limites » ne cessera, au cours de l'année 1925, de s'exaspérer jusqu'au délire. On peut même dire que l'une des figures fondamentales de son œuvre — l'idée d'une cité titanesque et grandiose, dans les fondements de laquelle grouillent de répugnantes créatures de cauchemar — provient directement de son expérience de New York.

Haine raciale

Lovecraft a en fait toujours été raciste. Mais dans sa jeunesse ce racisme ne dépasse pas celui qui est de mise dans la classe sociale à laquelle il appartient — l'ancienne bourgeoisie, protestante et puritaine, de la Nouvelle-Angleterre. Dans le même ordre d'idées, il est, tout naturellement, *réactionnaire*. En toutes choses, que ce soit la technique de versification ou les robes des jeunes filles, il valorise les notions d'ordre et de tradition plutôt que celles de liberté et de progrès. Rien en cela d'original ni d'excentrique. Il est spécialement *vieux jeu,* voilà tout. Il lui paraît évident que les protestants anglo-saxons sont par nature voués à la première place dans l'ordre social ; pour les autres races (que de toute façon il ne connaît que fort peu, et n'a nulle envie de connaître), il n'éprouve qu'un mépris bienveillant et lointain. Que chacun reste à sa place, qu'on évite toute innovation irréfléchie, et tout ira bien.

Le mépris n'est pas un sentiment littérairement très productif ; il inciterait plutôt à un silence de bon ton. Mais Lovecraft sera contraint de vivre à New York ; il y connaîtra la haine, le dégoût et la peur, autrement plus riches. Et c'est à New York que ses *opinions* racistes se transformeront en une authentique névrose raciale. Etant pauvre, il devra vivre dans les mêmes quartiers que ces immigrants « obscènes, repoussants et cauchemardesques ». Il les côtoiera dans la rue, il les côtoiera dans les jardins publics. Il sera bousculé dans le métro par des « mulâtres graisseux et ricanants », par des « nègres hideux semblables à des chimpanzés gigantesques ». Il les retrouvera encore dans les files d'attente pour chercher un emploi, et constatera avec horreur que son maintien aristocratique et son éducation raffinée, teintée d'un « conservatisme équilibré », ne lui apportent aucun avantage. De telles valeurs n'ont pas cours dans Babylone ; c'est le règne de la ruse et de la force brutale, des « juifs à face de rat » et des « métis monstrueux qui sautillent en se dandinant absurdement ».

Il ne s'agit plus alors du racisme bien élevé des W.A.S.P. ; c'est la haine, brutale, de l'animal pris au piège, contraint de partager sa cage avec des animaux d'une espèce différente, et redoutable. Pourtant, jusqu'au bout, son hypocrisie et sa bonne éducation tiendront le coup ; comme il l'écrit à sa tante, « *il n'appartient pas aux individus de notre classe de se singulariser par des paroles ou des actes inconsidérés* ». D'après le témoignage de ses proches, lorsqu'il croise des représentants des autres races, Lovecraft serre les dents, blêmit légèrement ; mais il garde son calme. Son exaspération ne se donne libre cours que dans ses lettres — avant de le faire dans ses nouvelles. Elle se transforme peu à peu en phobie. Sa vision, nourrie par la haine, s'élève jusqu'à une franche paranoïa, et plus haut encore, jusqu'à l'absolu détraquement du regard, annonçant les dérèglements verbaux des « grands textes ». Voici par exemple comment il raconte à Belknap Long une visite dans le Lower East Side, et comment il décrit sa population d'immigrés :

« *Les choses organiques qui hantent cet affreux cloaque ne sauraient, même en se torturant l'imagination, être qualifiées d'humaines. C'étaient de monstrueuses et nébuleuses esquisses du pitécanthrope et de l'amibe, vaguement modelées dans quelque limon puant et visqueux résultant de la corruption de la terre, rampant et suintant dans et sur les rues crasseuses, entrant et sortant des fenêtres et des portes d'une façon qui ne faisait penser à rien d'autre qu'à des vers envahissants, ou à des choses peu agréables issues des profondeurs de la mer. Ces choses — ou la substance dégénérée en fermentation gélatineuse dont elles étaient composées — avaient l'air de suinter, de s'infilter et de couler à travers les crevasses béantes de ces horribles maisons, et j'ai pensé à un alignement de cuves cyclopéennes et malsaines, pleines jusqu'à déborder d'ignominies gangrénées, sur le point de se déverser pour inonder le monde entier dans un cataclysme lépreux de pourriture à demi liquide.*

De ce cauchemar d'infection malsaine, je n'ai pu emporter le souvenir d'aucun visage vivant. Le grotesque individuel se perdait dans cette dévastation collective ; ce qui ne laissait sur la rétine que les larges et fantômatiques linéaments de l'âme morbide de la désintégration et de la décadence... un masque jaune ricanant avec des ichors acides, collants, suintant des yeux, des oreilles, du nez, de la bouche, sortant en tous ces points avec un bouillonnement anormal de monstrueux et incroyables ulcères... »

Indiscutablement, c'est du grand Lovecraft. Quelle race a bien pu provoquer de tels débordements ? Il ne le sait plus très bien lui-même ; à un endroit il parle d'« italico-sémitico-mongoloïdes ». Les réalités ethniques en jeu tendent à s'effacer ; de toute façon il les déteste tous, et n'est plus guère en mesure de détailler.

Cette vision hallucinée est directement à l'origine des descriptions d'entités cauchemardesques qui peuplent le cycle de Ctulhu. C'est la haine raciale qui provoque chez Lovecraft cet état de transe poétique où il se dépasse lui-même dans le battement rythmique et fou des phrases maudites ; c'est elle qui illumine ses derniers grands textes d'un éclat hideux et cataclysmique. La liaison apparaît avec évidence dans *Horreur à Red Hook*.

A mesure que se prolonge le séjour forcé de Lovecraft à New York, sa répulsion et sa terreur s'amplifient jusqu'à atteindre des proportions alarmantes. Ainsi qu'il l'écrit à Belknap Long, « *on ne peut parler calmement du problème mongoloïde de New York* ». Plus loin dans la lettre, il déclare : « *J'espère que la fin* sera *la guerre — mais pas avant que nos esprits aient été complètement libérés des entraves humanitaires de la superstition syrienne imposée par Constantin. Alors, montrons notre puissance physique comme hommes et comme Aryens, accomplissons une déportation scientifique de masse à laquelle on ne pourra se soustraire et dont on ne reviendra pas.* » Dans une autre lettre, faisant sinistrement office de précurseur, il préconisera l'utilisation de gaz cyanogène.

Le retour à Providence n'arrangera rien. Avant son séjour à New York, il n'avait même pas soupçonné que dans les rues de cette petite ville charmante et provinciale puissent se glisser des créatures étrangères ; en quelque sorte, il les croisait sans les voir. Mais son regard a maintenant gagné en acuité douloureuse ; et jusque dans les quartiers qu'il aimait tant il retrouve les premiers stigmates de cette « lèpre » : « *Emergeant des différentes ouvertures et se traînant le long des sentes étroites, on voit des formes indécises et appartenant pourtant à la vie organique...* »

Pourtant, peu à peu, le retrait du monde fait son effet. En évitant tout contact visuel avec les races étrangères, il réussit à se calmer légèrement ; et son admiration pour Hitler fléchit. Alors qu'il voyait d'abord en lui une « *force élémentaire appelée à régénérer la culture européenne* », il en vient à le considérer comme un « *honnête clown* », puis à reconnaître que « *bien que ses objectifs soient fondamentalement sains, l'extrémisme absurde de sa politique actuelle risque de conduire à des résultats désastreux, et en contradiction avec les principes de départ* ».

Parallèlement, les appels au massacre se font plus rares. Comme il l'écrit dans une lettre, « *soit on les cache, soit on les tue* » ; et il en vient progressivement à considérer la première solution comme préférable, en particulier à la suite d'un séjour dans le Sud, chez l'écrivain Robert Barlow, où il observe avec émerveillement que le maintien d'une stricte ségrégation raciale peut permettre à un Américain blanc et cultivé de se sentir à l'aise au milieu d'une population à forte densité noire. Bien entendu, précise-t-il à sa tante, « *dans les stations balnéaires du Sud, on ne permet pas aux nègres d'aller sur les plages. Pouvez-vous imaginer des personnes sensibles en train de se baigner à côté d'une meute de chimpanzés graisseux ?* »

On a souvent sous-estimé l'importance de la haine raciale dans la création de Lovecraft. Seul Francis Lacassin a eu le courage d'envisager la question avec honnêteté, dans sa préface aux *Lettres*. Il y écrit notamment : « Les mythes de Ctulhu tirent leur puissance froide de la délectation sadique avec laquelle Lovecraft livre aux persécutions des êtres venus des étoiles des humains punis pour leur ressemblance avec la racaille new-yorkaise qui l'avait humilié. » Cette remarque me paraît extrêmement profonde, quoique fausse. Ce qui est indiscutable, c'est que Lovecraft, comme on le dit des boxeurs, « a la haine ». Mais il faut préciser que le rôle de la victime est généralement tenu dans ses nouvelles par un professeur d'université anglo-saxon, cultivé, réservé et bien éduqué. Plutôt un type dans son genre, en fait. Quant aux tortionnaires, aux servants des cultes innommables, ce sont presque toujours des métis, des mulâtres, des sang-mêlés « de la plus basse espèce ». Dans l'univers de Lovecraft, la cruauté n'est pas un raffinement de l'intellect ; c'est une pulsion bestiale, qui s'associe parfaitement avec la stupidité la plus sombre. Pour ce qui est des individus courtois, raffinés, d'une grande délicatesse de manières... ils fourniront des victimes idéales.

On le voit, la passion centrale qui anime son œuvre est de l'ordre du masochisme, beaucoup plus que du sadisme ; ce qui ne fait d'ailleurs que souligner sa dangereuse profondeur. Comme Antonin Artaud l'a indiqué, la cruauté envers autrui ne donne que de médiocres résultats artistiques ; la cruauté envers soi est autrement intéressante.

Il est vrai que HPL manifeste une admiration occasionnelle pour les « grandes brutes blondes nordiques », les « Vikings fous tueurs de Celtes », etc. Mais c'est, justement, une admiration amère ; il se sent extrêmement loin de ces personnages et il n'envisagera jamais, contrairement à Howard, de les introduire dans son œuvre. Au jeune Belknap Long qui se moque gentiment de son admiration pour les « grandes bêtes blondes de proie », il répond avec une merveilleuse franchise : « *Vous avez tout à fait raison de dire que ce sont les faibles qui adorent les forts. C'est exactement mon cas.* » Il sait très bien qu'il n'a aucune place dans un quelconque Walhalla héroïque de batailles et de conquêtes ; sinon, comme d'habitude, la place du vaincu. Il est pénétré jusqu'à la moelle de son échec, de sa prédisposition entière, naturelle et fondamentale à l'échec. Et, dans son univers littéraire aussi, il n'y aura pour lui qu'une seule place : celle de la victime.

Comment nous pouvons apprendre d'Howard Phillips Lovecraft à constituer notre esprit en vivant sacrifice

Les héros de Lovecraft se dépouillent de toute vie, renoncent à toute joie humaine, deviennent purs intellects, purs esprits tendus vers un seul but : la recherche de la connaissance. Au bout de leur quête, une effroyable révélation les attend : des marécages de la Louisiane aux plateaux gelés du désert antarctique, en plein cœur de New York comme dans les sombres vallées campagnardes du Vermont, tout proclame *la présence universelle du Mal.*

« *Et il ne faut point croire que l'homme soit le plus ancien ou le dernier des maîtres de la terre, ni que la masse commune de vie et de substance soit seule à fouler le sol. Les Anciens ont été, les Anciens sont encore, les Anciens seront toujours. Non point dans les espaces connus de nous, mais* entre *ces espaces. Primordiaux, sans dimension, puissants et sereins.* »

Le Mal, aux multiples visages ; instinctivement adoré par des populations sournoises et dégénérées, qui ont composé à sa gloire d'effroyables hymnes.

« *Yog-Sothoth est la porte. Yog-Sothoth est la clef et le gardien de la porte. Le passé, le présent et le futur ne font qu'un en Yog-Sothoth. Il sait où les Anciens se sont frayé passage au temps jadis ; il sait où ils se fraieront passage dans les temps à venir.* (...)

Leur voix crie dans le vent, la conscience de leur présence fait murmurer la terre. Ils courbent la forêt, ils écrasent la cité ; et pourtant, ni la forêt ni la cité n'aperçoivent la main qui frappe. Dans les déserts glacés Kadath les a connus, et quel homme a jamais connu Kadath ? (...)

Vous les connaîtrez comme une immonde abomination. Leur main étreint la gorge, et vous ne les voyez pas ; et leur demeure ne fait qu'un avec votre seuil bien protégé. Yog-Sothoth est la clef de la porte par laquelle les sphères se rencontrent. L'homme règne à présent où ils régnaient jadis ; ils régneront bientôt où l'homme règne à présent. Après l'été vient l'hiver ; après l'hiver vient le printemps. Ils attendent en toute patience, en toute puissance, car ils régneront à nouveau ici-bas. »

Cette magnifique invocation appelle plusieurs remarques. D'abord que Lovecraft était un poète ; il fait partie de ces écrivains qui ont *commencé par la poésie.* La première qualité qu'il manifeste, c'est le balancement harmonieux de ses phrases ; le reste ne viendra qu'après, et avec beaucoup de travail.

Ensuite, il faut dire que ces stances à la toute-puissance du Mal rendent un son désagréablement familier. Dans l'ensemble, la mythologie de Lovecraft est très originale ; mais elle se présente parfois comme une effroyable inversion de la thématique chrétienne. C'est particulièrement sensible dans *L'Abomination de Dunwich,* où une paysanne illettrée, qui ne connaît pas d'homme, donne naissance à une créature monstrueuse, dotée de pouvoirs surhumains. Cette incarnation inversée se termine par une répugnante parodie de la Passion, où la créature, sacrifiée au sommet d'une montagne dominant Dunwich, lance un appel désespéré : « *Père, père... YOG-SOTHOTH !* », fidèle écho du « *Eloi, Eloi, lamma sabachtani !* ». Lovecraft retrouve ici une source fantastique très ancienne : le Mal, issu d'une union charnelle contre nature. Cette idée s'intègre parfaitement à son racisme obsessionnel ; pour lui, comme pour tous les racistes, l'horreur absolue, plus encore que les autres races, c'est le métissage. Utilisant à la fois ses connaissances en génétique et sa familiarité avec les textes sacrés, il construit une synthèse explosive, d'un pouvoir d'abjection inouï. Au Christ nouvel Adam, venu régénérer l'humanité par l'amour, Lovecraft oppose le « nègre », venu régénérer l'humanité par la bestialité et par le vice. Car le jour du Grand Ctulhu est proche. Et l'époque de sa venue sera facile à reconnaître : « *A ce moment-là, les hommes seront devenus semblables aux Anciens : libres, farouches, au-delà du bien et du mal, rejetant toute loi morale, s'entretuant à grands cris au cours de joyeuses débauches. Les Anciens délivrés leur apprendront de nouvelles manières de crier, de tuer, de faire bombance ; et toute la terre flamboiera d'un holocauste d'extase effrénée. En attendant, le culte, par des rites appropriés, doit maintenir vivant le souvenir de ces mœurs d'autrefois, et présager leur retour.* » Ce texte n'est rien d'autre qu'une effrayante paraphrase de saint Paul.

Nous approchons ici des tréfonds du racisme de Lovecraft, qui se désigne lui-même comme victime, et qui a choisi ses bourreaux. Il n'éprouve aucun doute à ce sujet : les « êtres humains sensibles » seront vaincus par les « chimpanzés graisseux » ; ils seront broyés, torturés et dévorés ; leurs corps seront dépecés dans des rites ignobles, au son obsédant de tambourins extatiques. Déjà, le vernis de la civilisation se fissure ; les forces du Mal attendent « en toute patience, en toute puissance », car elles régneront à nouveau ici-bas.

Plus profondément que la méditation sur la décadence des cultures, qui n'est qu'une justification intellectuelle superposée, il y a la peur. La peur vient de loin ; le dégoût en procède ; il produit lui-même l'indignation et la haine.

Vêtus de costumes rigides et un peu tristes, habitués à réfréner l'expression de leurs émotions et de leurs désirs, les protestants puritains de la Nouvelle-Angleterre peuvent parfois faire oublier leur origine animale. Voilà pourquoi Lovecraft acceptera leur compagnie, encore qu'à dose modérée. Leur insignifiance elle-même le rassure. Mais, en présence des « nègres », il est pris d'une réaction nerveuse incontrôlable. Leur vitalité, leur apparente absence de complexes et d'inhibitions le terrifient et le dégoûtent. Ils dansent dans la rue, ils écoutent des musiques rythmées... Ils parlent fort. Ils rient en public. La vie semble les amuser ; ce qui est inquiétant. Car la vie, c'est le mal.

Contre le monde, contre la vie

Aujourd'hui plus que jamais, Lovecraft serait un inadapté et un reclus. Né en 1890, il apparaissait déjà à ses contemporains, dans ses années de jeunesse, comme un réactionnaire désuet. On peut aisément deviner ce qu'il penserait de la société de notre époque. Depuis sa mort, elle n'a cessé d'évoluer dans un sens qui la lui ferait détester davantage. La mécanisation et la modernisation ont inéluctablement détruit ce mode de vie auquel il était attaché de toutes ses fibres (il ne se fait d'ailleurs aucune illusion sur les possibilités humaines de contrôle sur les événements ; comme il l'écrit dans une lettre, « *tout dans ce monde moderne n'est que la conséquence absolue et directe de la découverte des applications de la vapeur et de l'énergie électrique à une grande échelle* ». Les idéaux de liberté et de démocratie, qu'il abhorrait, se sont répandus sur la planète. L'idée de progrès est devenue un credo indiscuté, presque inconscient, qui ne pourrait que hérisser un homme qui déclarait : « *Ce que nous détestons, c'est simplement le* changement *en tant que tel.* » Le capitalisme libéral a étendu son emprise sur les consciences ; marchant de pair avec lui sont advenus le mercantilisme, la publicité, le culte absurde et ricanant de l'efficacité économique, l'appétit exclusif et immodéré pour les richesses matérielles. Pire encore, le libéralisme s'est étendu du domaine économique au domain sexuel. Toutes les fictions sentimentales ont volé en éclats. La pureté, la chasteté, la fidélité, la décence sont devenues des stigmates ridicules. La valeur d'un être humain se mesure aujourd'hui par son efficacité économique et son potentiel érotique : soit, très exactement, les deux choses que Lovecraft détestait le plus fort.

Les écrivains fantastiques sont en général des réactionnaires, tout simplement parce qu'ils sont particulièrement, on pourrait dire *professionnellement* conscients de l'existence du Mal. Il est assez curieux que parmi les nombreux disciples de Lovecraft aucun n'ait été frappé par ce simple fait : l'évolution du monde moderne a rendu encore plus présentes, encore plus *vivantes* les phobies lovecraftiennes.

Signalons comme une exception le cas de Robert Bloch, un de ses plus jeunes correspondants (lors de leurs premières lettres, il a quinze ans), qui signe ses meilleures nouvelles lorsqu'il se laisse aller à déverser sa haine du monde moderne, de la jeunesse, des femmes libérées, du rock, etc. Le jazz est déjà pour lui une obscénité décadente ; quant au rock, Bloch l'interprète comme le retour de la sauvagerie la plus simiesque, encouragé par l'amoralité hypocrite des intellectuels progressistes. Dans *Sweet Sixteen,* une bande de Hell's Angels, simplement décrits au départ comme des voyous ultraviolents, finit par se livrer à des rites sacrificiels sur la personne de la fille d'un anthropologue. Rock, bière et cruauté. C'est parfaitement réussi, parfaitement cohérent, parfaitement justifié. Mais de telles tentatives d'introduction du démoniaque dans un cadre moderne restent exceptionnelles. Et Robert Bloch, par son écriture réaliste, son attention portée à la situation sociale de ses personnages, s'est très nettement dégagé de l'influence de HPL. Parmi les écrivains plus directement liés à la mouvance lovecraftienne, aucun n'a repris à son compte les phobies raciales et réactionnaires du maître.

Il est vrai que cette voie est dangereuse, et qu'elle n'offre qu'une issue étroite. Ce n'est pas uniquement une question de censure et de procès. Les écrivains fantastiques sentent probablement que l'hostilité à toute forme de liberté finit par engendrer l'hostilité à la vie. Lovecraft le sent aussi bien qu'eux, mais il ne s'arrête pas en chemin ; c'est un extrémiste. Que le monde soit mauvais, intrinsèquement mauvais, mauvais par essence, voilà une conclusion qui ne le gêne absolument pas ; et tel est le sens le plus profond de son admiration pour les Puritains : ce qui l'émerveille en eux, c'est qu'ils « *haïssaient la vie et traitaient de platitude le fait de dire qu'elle vaut d'être vécue* ». Nous franchirons cette vallée de larmes qui sépare l'enfance de la mort ; mais il nous faudra rester purs. HPL ne partage aucunement les espérances des Puritains ; mais il partage leurs refus. Il détaillera son point de vue dans une lettre à Belknap Long (écrite d'ailleurs quelques jours avant son mariage) :

« *Quant aux inhibitions puritaines, je les admire un peu plus tous les jours. Ce sont des tentatives pour faire de la vie une œuvre d'art — pour façonner un modèle de beauté dans cette porcherie qu'est l'existence animale — et il jaillit de là une haine de la vie qui marque l'âme la plus profonde et la plus sensible. Je suis tellement fatigué d'entendre des ânes superficiels tempêter contre le puritanisme que je crois que je vais devenir puritain. Un intellectuel puritain est un idiot — presque autant qu'un antipuritain — mais un puritain est, dans la conduite de sa vie, le seul type d'homme qu'on puisse honnêtement respecter. Je n'ai ni respect ni aucune considération d'aucune sorte pour tout homme qui ne vit pas dans l'abstinence et la pureté.* »

Sur la fin de ses jours, il lui arrivera de manifester des regrets, parfois poignants, devant la solitude et l'échec de son existence. Mais ces regrets restent, si l'on peut s'exprimer ainsi, *théoriques*. Il se remémore nettement les périodes de sa vie (la fin de l'adolescence, le bref et décisif intermède du mariage) où il aurait pu bifurquer vers ce qu'on appelle le bonheur. Mais il sait que, probablement, il n'était pas en mesure de se comporter différemment. Et finalement il considère, comme Schopenhauer, qu'il ne s'en est « pas trop mal tiré ».

Il accueillera la mort avec courage. Atteint d'un cancer à l'intestin qui s'est généralisé à l'ensemble du tronc, il est transporté le 10 mars 1937 au Jane Brown Memorial Hospital. Il se comportera en malade exemplaire, poli, affable, d'un stoïcisme et d'une courtoisie qui impressionneront ses infirmières, malgré ses très vives souffrances physiques (heureusement atténuées par la morphine). Il accomplira les formalités de l'agonie avec résignation, si ce n'est avec une secrète satisfaction. La vie qui s'échappe de son enveloppe charnelle est pour lui une vieille ennemie ; il l'a dénigrée, il l'a combattue ; il n'aura pas un mot de regret. Et il trépasse, sans autre incident, le 15 mars 1937.

Comme disent les biographes, « Lovecraft mort, son œuvre naquit ». Et en effet nous commençons à le mettre à sa vraie place, égale ou supérieure à celle d'Edgar Poe, en tout cas résolument unique. Il a parfois eu le sentiment, devant l'échec répété de sa production littéraire, que le sacrifice de sa vie avait été, tout compte fait, inutile. Nous pouvons aujourd'hui en juger autrement ; nous pour qui il est devenu un initiateur essentiel à un univers *différent,* situé bien au-delà des limites de l'expérience humaine, et pourtant d'un impact émotionnel terriblement précis.

Cet homme qui n'a pas réussi à vivre a réussi, finalement, à écrire. Il a eu du mal. Il a mis des années. New York l'a aidé. Lui qui était si gentil, si courtois, y a découvert la haine. De retour à Providence il a composé des nouvelles magnifiques, vibrantes comme une incantation, précises comme une dissection. La structure dramatique des « grands textes » est d'une imposante richesse ; les procédés de narration sont nets, neufs, hardis ; tout cela ne suffirait peut-être pas si l'on ne sentait pas, au centre de l'ensemble, la pression d'une force intérieure dévorante.

Toute grande passion, qu'elle soit amour ou haine, finit par produire une œuvre authentique. On peut le déplorer, mais il faut le reconnaître : Lovecraft est plutôt du côté de la haine ; de la haine et de la peur. L'univers, qu'il conçoit intellectuellement comme indifférent, devient esthétiquement hostile. Sa propre existence, qui aurait pu n'être qu'une succession de déceptions banales, devient une opération chirurgicale, et une célébration inversée.

L'œuvre de sa maturité est restée fidèle à la prostration physique de sa jeunesse, en la transfigurant. Là est le profond secret du génie de Lovecraft, et la source pure de sa poésie : il a réussi à transformer son dégoût de la vie en une hostilité *agissante*.

Offrir une alternative à la vie sous toutes ses formes, constituer une opposition permanente, un recours permanent à la vie : telle est la plus haute mission du poète sur cette terre. Howard Phillips Lovecraft a rempli cette mission.

BREVE BIBLIOGRAPHIE

classée par ordre de préférence

I. Œuvres de Lovecraft

1. *Dans l'abîme du temps* et *La Couleur tombée du ciel* (Denoël, Présence du Futur). Les « grands textes ».

2. *Dagon* (J'ai Lu, ou Belfond). Certaines nouvelles du niveau des « grands textes », d'autres franchement ratées. Prodigieuse variété des décors et des époques. Un recueil éclectique, bizarre, finalement très réussi.

3. *Fungi de Yuggoth et autres poèmes fantastiques* (Néo). Les poèmes de Lovecraft sont d'une surprenante beauté, mais toute musicalité disparaît à la traduction. Heureusement, l'édition est bilingue.

4. *Par-delà le mur du sommeil* et *Je suis d'ailleurs* (Denoël, Présence du Futur). Sélection de nouvelles de qualité.

II. Autour de Howard Phillips Lovecraft

1. *Le Necronomicon,* ouvrage collectif (J'ai Lu — L'Aventure Mystérieuse, ou Belfond). Ce petit livre vise à semer le trouble dans les esprits... et y parvient. HPL était-il *vraiment* un initié ? Un ouvrage assez à part.

2. *H.P. Lovecraft, Lettres 1* (Christian Bourgois). Choix de lettres sur la première partie de la vie de Lovecraft (jusqu'en 1926). Intéressant et émouvant. Belle préface de Francis Lacassin.

3. *H.P. Lovecraft, le roman d'une vie,* Lyon Sprague de Camp (Néo). L'auteur manque de vraie sympathie pour Lovecraft, mais il fait très bien son travail. Toutes les qualités de la biographie américaine.

Table des matières

H.P. Lovecraft

Nº d'Edition : CNE section commerce et industrie Monaco 19023
Numéro d'impression : 4882
Dépôt légal : février 1991

Imprimé en France

ACHEVÉ D'IMPRIMER
SUR LES PRESSES
DE L'IMPRIMERIE S.E.G.
33, RUE BÉRANGER
CHATILLON-SOUS-BAGNEUX

Editions du Rocher
28, rue Comte-Félix-Gastaldi
Monaco

Printed in the United States
105914LV00003B/85/A